SHODENSHA
SHINSHO

寺の収支報告書

英樹

祥伝社新書

はじめに

私は、埼玉県熊谷市《くまがや》にある見性院《けんしょういん》というお寺で住職をしています。見性院は、曹洞宗《そうとうしゅう》寺院です。いわば禅寺《ぜんでら》です。

禅寺と聞いて、みなさんはどのようなイメージを浮かべるでしょうか。禅問答をして、師匠が弟子を一喝《いっかつ》する光景ですか。残念ながら、歴史小説で見るような、まともな禅問答ができるような知識を持った禅僧は、いまやほとんど皆無《かいむ》といっていいでしょう。禅問答があったとしても、形式的なものです。

あるいは、何人もの若い僧侶《そうりょ》たちが、朝から坐禅、清掃、調理などの修行に励《はげ》み、夜は消灯まで仏教書を読みふけっている光景ですか。しかし、そんな姿があるのも、一部の修行道場、一部の修行僧だけです。その他おおぜいの僧侶は、一年ほどの修行期間が終われば、それぞれ実家のお寺に戻って、修行なんてさっぱり忘れてしまいます。父の跡を継《つ》いで住職になると、現世《げんせ》の特権者をふるまい、我欲《がよく》の道を邁進《まいしん》するようになるでしょう。

ですから禅寺とはいっても、ほとんどのお寺は、他宗の仏教寺院となんら変わりがありません。檀家《だんか》からのお布施《ふせ》を当然のものと考え、それを自分が得た収入であるかのようにカン違いしています。高級車を乗りまわし、ゴルフ三昧《ざんまい》、ひどい場合は、ギャンブルや酒色におぼれているのです。

そして、立派な袈裟《けさ》をつけて、檀家の前で大言壮語《たいげんそうご》し、反論した人には「地獄へ落ちろ」とでもいい、内面の貧しさを虚勢《きょせい》で包み隠そうとしています。

私自身、そういった「堕落《だらく》坊主」と同じ穴のムジナです。自己嫌悪におちいる毎日でしたが、これでいいわけではありません。なんとか失わずにいた良心というものにしたがって行動することに決めました。

二〇一二年六月、見性院は、長く続いた檀家の制度を廃止しました。この決断は、大きな賛否《さんぴ》を巻きおこします。外側の人たちからは、「よくやった」という声、その一方で、近隣の同門寺院からは、村八分でした。それから二年が過ぎましたが、ようやく檀家の制度から脱却《だっきゃく》した私の視界は、驚くほど澄《す》んでいるのです。

なぜ、檀家が、諸悪《しょあく》の根源なのでしょう。これまで長く檀家をつとめてくださった方々に怨《うら》みがあるわけではありません。どれほど感謝しても尽《つ》きません。それでもやめなくてはならないのは、この制度そのものが多くの不幸をもたらしているからです。寺院が檀家からお布施を通常的に強要するのが、制度の本質です。

仏教や宗派が、お寺やその住職が、信仰者たちから搾取《さくしゅ》する前提など、許されるわけがありません。また、仏教や宗派、お寺や住職たちが、真の自立を得るには、何よりも檀家の解放、まずここからスタートします。

本書は、仏教界を堕落させているお金や制度の問題について、内側を知る立場から隠すことなく述べ、みなさんにいっしょになって考えていただくために書かれました。この出版をもって、過去の懺悔《さんげ》とし、また、将来の活動に向けた決意の表明とさせていただきます。

寺門衰退元年《じもんすいたいがんねん》

橋本英樹《はしもとえいじゅ》

目次――お寺の収支報告書

第二章 「葬式仏教」は、〝悪〟か？ 81

第三章　仏教という、すごい収益システム　149

第四章　自由な信仰をとりもどす　195

見性院境内

第一章　なぜ、お寺は世襲なのか？

誰もいないお寺

お寺は、何のためにあるのでしょうか。

一日じゅう、多くの人が集まってくるお寺、これは理由がどうであれ、存在意義があるということでしょう。京都や奈良にある観光寺院、札所《ふだしょ》、宗祖《しゅうそ》などの縁故《えんこ》寺院、歴史的に有名なお寺、名園や重要な文化財を有するお寺、花の寺、病気平癒《へいゆ》、商売繁盛、合格祈願、交通安全、安産、恋愛成就などといった、現世利益《げんせりやく》があるといわれるお寺……。本来の仏教的な価値とは少しズレているような気もしますが、人々が自発的に集まってくる場所は、それじたいに価値があるのだと思います。

それから、一般の人がほとんど認識しないところで、修行者が集まってくるお寺も、大きな価値を持っています。修行道場や、徳のある宗教指導者が住持するお寺がそうです。「ここで修行すれば、私も徳のあるお坊さんになれるかもしれない」と思わせる何かがあってこそ、修行者が集まってきます。

こういったお寺はいずれにせよ、今後も残っていくでしょう。たとえ観光寺院であれ、その存在意義を認める人がいるからです。

さて、全国には、七万五〇〇〇もの仏教寺院があるといわれています。これはコンビニエンス・ストアより多い数です。あらためて、そんなにあったのかと驚かれるのではないでしょうか。地図を開いてみると、あなたの家の近くにも、かならずお寺はあります。

生まれてこのかた、一度も境内に足を踏みいれたことのないというお寺がたくさんあるはずです。たまに境内でお孫さんを遊ばせるご老人を見かけても、そこがお参りする人々であふれていることはありません。観光寺院や修行道場として、人々が集まるお寺は、ほんの一部です。

つまり、ほとんどのお寺というものは、一般の人が日々暮らしていくのに、何の必要もないところです。コンビニエンス・ストアがなくなったら不便ですが、近所のお寺がひとつくらいなくなっても、そんなに困りませんね。誰も行かない大きなお寺がなくなって、そこに商業施設ができたら、むしろ地元の人は大喜びでしょう。

私が住職をつとめる見性院《けんしょういん》も、葬儀のないときは閑散《かんさん》としています。周囲のお寺もどこもそんな感じです。「お参りさせてくれ」といって訪ねてくるような方は、ほとんどいません。檀家や信徒から寄進をかき集めて、せっかく伽藍をととのえたところで、ガランとしています。これが、京都や奈良の観光寺院など一部のお寺をのぞけば、日常的な風景です。

静かでいいですか。俗世間から離れた清浄な空間でしょうか。とんでもありません。これが商店であれば、早晩《そうばん》つぶれてしまいます。人の集まらない施設など、はたして存在価値があるのでしょうか。

よくよく考えてみれば、不景気の時代、どうやってお寺が経営できているのか、不思議に感じたことはありませんか。宗教法人は非課税だからといっても、収入がなければ、免除される税もないと思います。にもかかわらず、お寺はつぶれることもなく、今日も静かに存在しているように見えます。

ただ、そんな時代はもうすぐ終わるでしょう。これからは、お寺も淘汰《とうた》の時代に入っていきます。なぜなら、ほとんどの日本人が、「お寺は存在意義がない」という事実に気づきはじめたからです。

お寺は、「多すぎる」のです。

『寺門興隆《じもんこうりゅう》』という、お寺の業界誌がありました。寺門興隆とは、お寺や宗派が名をはせて栄えることで、たいへんスケールの大きな意味を持つ誌名でした。

ところが、この誌名は、二〇一三年十二月号から、かつて出版されていた『月刊住職』に変更されました。私もずっと愛読させていただいていますが、もはや、いまの仏教界には、「寺門興隆」などというような堂々とした言葉は、なじまなくなってしまったのでしょう。住職たちが、個々のサバイバルの時代に入ったことを示唆《しさ》しているように思われてなりません。

あまり意味のない『宗教法人法』

では、お寺というのは、いったい何でしょうか。

法律上の立場から見れば、いうまでもなく仏教の普及をおこなう宗教法人の施設です。住職は、多くの場合、その法人の代表者をつとめることになります。いわば経営者です。

すべてのお寺は、『宗教法人法』でいうところの「宗教団体」であり、その宗教団

体というのは、

1、宗教の教義を広め、
2、儀式行事をおこない、
3、信者を教化《きょうか》育成すること

これらを主たる目的とする団体であると、定められています。

それにしても、「教義を広め」、「信者を教化育成する」とは、ちょっと大げさな表現ですね。いまは、「宗教とは何か、信仰とは何か」というところから、考えていかなくてはならないような時代です。「教義を広め、教化育成する」を本気で実践したら、おおかたの日本人は敬遠してしまうでしょう。

にもかかわらず、法律の条文は、戦後まもなく書かれたときの表現のままです。

また、実際には、「私たちは、宗教団体だ」と宣言すれば、それが宗教なのですから、国が「こうあるべき」とする「宗教法人」との差もよくわかりません。法人格を与えられていない宗教団体なら、星の数ほどあるのです。

宗教団体の活動というものは、日本国憲法でいうところの「信教《しんきょう》の自由」とかかわってきます。信仰する人の自由があって、その受け皿としての宗教があります。ただし、現実に目をやりますと、宗教の理想と現実のあいだには大きなズレがあります。このズレについて、みなさんといっしょに考えていくのが、本書の主旨でもあります。ひとつずつ進めていきましょう。

日本では、信教の自由を保障されていますから、いかなる宗教を信じても、その人の自由です。信仰をやめるのも、自由です。

その一方で、信仰の受け皿として、誰でも新しい宗教を設立する自由があります。とつぜん何かがおりてきて、「いまから、このイワシの頭を敬《うやま》いなさい」と述べるのも、自由です。

ただし、その信仰について「宗教法人」として行政からのお墨つきをもらうためには、『宗教法人法』にのっとった運営をしなくてはなりません。すくなくとも、「あやしい信仰、あまりにも個人的な信仰は、新しく法人として認めない」ということでしょう。

これは、すでに認められた宗教法人が、「あやしくない、個人的ではない」ということまでは保証していません。もっとも「法人格の宗教だから安心だ」とは、誰も考えていないとは思いますが……。

認可事業という言葉を聞いたことがおありでしょう。多くの事業の場合、行政は、何かをしたいと申告した業者や団体に対して、「認可」を与え、それによってはじめて事業をおこなうことができます。問題が起こったり、条件がととのわなかったりすると、認可はとり消されることもあります。

ところが、宗教法人は、認可ではなく、「認証」されるものです。もちろん新興の信仰の認証もありますが、一般的には、すでにあった信仰を追認するという立場です。したがって、認可より、ずっとゆるいものとなります。

そして、この「すでにある」という点がくせものです。つまり、この法律が施行された時点で存在していた宗教法人は、すべて例外なく「認証されている」のです。したがって、ほかの認可事業より、信用性の低いものです。

「宗教法人見性院規則」

原本

宗教法人「見性院」規則

第一章　總則

（名稱）

第一條　この寺院は、宗教法人法による宗教法人であつて、「見性院」という。

（事務所の所在地）

第二條　この宗教法人（以下「法人」という。）は、事務所を埼玉縣大里郡吉岡村大字万吉七百九拾七番地に置く

（包括團体）

第三條　この法人の包括團体は、宗教法人「曹洞宗」とする。

（目的）

第四條　この法人は、阿弥陀如来を本尊とし、高祖承陽大師、太祖常濟大師を兩祖と仰いで、曹洞宗の教義をひろめ、儀式行事を行い、信者を教化育成し、その他この寺院の目的を達成するための業務及び事業を行うことを目的とする。

（公告の方法）

第五條　この法人の公告は、事務所の掲示場に十日間掲示して行う。

第二章　役員その他の機関

第一節　代表役員及び責任役員

（員數）

第六條　この法人には、五人の責任役員を置き、そのうち一人を代表役員とする。

一

（資格及び選定）
第七條　代表役員は、曹洞宗の宗制により、この寺院の住職の職にある者をもって充てる。
2　代表役員以外の責任役員は、この寺院の干與者のうちから代表役員が選定し、曹洞宗の代表役員の委囑を受けるものとする。但し、この規則第十七條第一號から第五號までに該當する者、及び同條第六號に該當する者のうちから、それぞれ選定しなければならない。
3　前項の場合において、責任役員を選定すべき者が、兼務の代表役員又は代表役員の代務者であるときは、他の責任役員の意見を聞かなければならない。若し他の責任役員がすべてないときは、干與者の意見を聞かなければならない。
（任期）
第八條　代表役員の任期は、この寺院の住職の在任中とする。
2　代表役員以外の責任役員の任期は、四年とする。但し、再任を妨げない。
3　補缺責任役員の任期は、前任者の殘任期間とする。
4　代表役員及び責任役員は、辭任又は任期滿了後でも、後任者が就任する時まで、なおその職務を行うものとする。
（代表役員の職務權限）
第九條　代表役員は、この法人を代表し、その事務を總理する。
（責任役員の職務權限）
第十條　責任役員は、この法人の事務を決定する。この場合においては、その議決權は各々平等とし、その定數の三分の二以上で決する。可否同數のときは、代表役員の決するところによる。

第二節　代務者
（置くべき場合）

ただ、形式的なものとして、各宗教法人は、「規則」、「収支計算書」、「財産目録」の三点を、その主要施設がある都道府県に毎年提出しなくてはなりません。見性院の場合、埼玉県学事課に提出します。郵送して、それで終わりです。

このうち「規則」というのは、それぞれの宗教法人が作成して提出します。行政から内容を制限されることもありません。まったく自由です。『宗教法人見性院規則』の一～二ページ目を参考のために掲載しました。文字が古いですね。これは、昭和二十九年に認証されたときと同じものを毎年使っているためです。

よく見ていただくと、ほとんどが活字ですが、ところどころ直筆になっています。雛型《ひながた》があって、余白の部分に書き足しているためです。お寺の名前、住所、本尊《ほんぞん》、責任役員の数、役員の名前、会計年度、認証を与える県……。いってしまえば、これだけが見性院独自のもので、それ以外は、ほかの曹洞宗寺院とほとんど変わりません。

「収支計算書」は、ご覧のとおり、たいへん簡単です。収入の部では、葬祭《そうさい》のお布施（全体の八六パーセント）と墓地の収入（全体の一四パーセント）が一括されています。簡単ですが、これでも通るわけです。新しく始めた墓地販売が軌道にのって、売上が一定

見性院の「収支計算書」

資金収支計算書

自 平成25年 4月 1日
至 平成26年 3月31日

宗教法人 見性院
単位 円

支出の部			収入の部		
項目	金額	備考	項目	金額	備考
法要費			宗教活動収入		
・法要費	40,922,373		・布施・墓地収入	88,201,562	
・消耗品費	1,906,254		・寄付金収入		
・謝礼金	1,975,000		・謝礼金収入		
教化育成費			資産収入		
・教化費			・資産運用収入	270	
・図書研究費	227,028		・保険金収入		
寺院維持費			その他収入		
・租税公課	267,350		・雑収入	1,340,936	
・宗派課金	555,867		・預り金収入	570,746	
・諸会費	298,265		収入計	90,113,514	
・営繕修繕費	2,308,315				
・保険料	1,193,630				
・福利厚生費	1,213,235				
・宝物什物					
・建物					
・構築物	465,000				
・工具器具備品	114,059				
寺院運営費					
・会議費	396,291				
・事務費					
・賃借料	1,136,337				
・運賃	120,375				
・寄付金	80,000				
・交際接待費	1,184,429				
・檀信徒接待費	96,810				
・通信費	509,417				
・水道光熱費	2,089,890				
・旅費交通費	169,370				
・車輌関係費	179,762				
・広告宣伝費	1,592,486				
・支払手数料	3,362,315				
・雑費	448,974				
・給料	11,690,800				
・雑給	1,730,325				
・賞与					
・法定福利費	1,798,188				
その他支出					
・預り金	535,676				
・長期借入金	751,618				
支出計	79,319,439				
総収支尻	10,794,075				
合計	90,113,514		合計	90,113,514	

額を超えますと、課税対象の事業として別建てにしなくてはなりません。

支出の部の「給料」を見てください。約一一六九万円となっていますが、ここには、住職である私の給料のほか、事務として勤務されている三名の方への給料がふくまれています。ほかのお寺では、住職の妻や母親（先代住職の妻）に給料を出しているところが少なくありませんが、見性院では出していません。

一方の「財産目録」は、すべての財産が入手された年月順に細かく記載されていますす。分量が多いので、巻末に掲載しました。土地、現金・預金、負債から、仏画や建物、什器《じゅうき》はもちろんのこと、車やエアコンなども申告します。高級車を何台も持っている住職は、さすがにお寺の財産にはしていないのでしょうね。お寺の名義で高級車を購入していたら、この財産目録に記載しなくてはならないので、たいへん恥ずかしいわけです。

「収支計算書」と「財産目録」は、当然のように毎年変わります。ほかの法人と同様、お金の出入りを行政に握られるということです。認証と引きかえに、宗教法人のお墨つきをもらうという関係になります。

いまある仏教寺院の大部分が、そうして宗教法人を名のっており、それにともなう特権を享受《きょうじゅ》することができます。

宗教法人の二重構造

『宗教法人法』のなかには、「包括《ほうかつ》する宗教法人」という、聞きなれない言葉が出てきます。仏教寺院の場合、「宗派」がこれにあたります。

曹洞《そうとう》宗、臨済《りんざい》宗、真言《しんごん》宗、天台《てんだい》宗、浄土真《じょうどしん》宗……など、聞いたことがおありでしょう。また、同じ臨済宗でも、京都の建仁寺《けんにんじ》派、南禅寺《なんぜんじ》派、大徳寺《だいとくじ》派、妙心寺《みょうしんじ》派、鎌倉の建長寺《けんちょうじ》派、円覚寺《えんがくじ》派など、一五の宗派に分かれています。ちなみに、曹洞宗には、このような「○○派」はありません。

宗派は、宗門とも、宗旨《しゅうし》ともいいます。見性院の場合、曹洞宗が「包括する宗教法人」に相当します。「宗教法人曹洞宗見性院」が正式な名称です。

曹洞宗は、あまり知られていませんが、全国一万五〇〇〇カ寺を有する日本仏教最大の宗派です。コンビニエンス・ストア最大手、セブン‐イレブンの店舗数より、やや少ないくらいです。そこまでの数があるとはにわかに信じがたいほどです。

一万五〇〇〇カ寺をたばねているのが、二つの大本山と宗務庁《しゅうむちょう》と呼ばれる総務組織です。大本山のひとつは、修行道場としてよく知られる福井県の永平寺《えいへいじ》です。もうひとつは、横浜市鶴見《つるみ》にある總持寺《そうじじ》です。永平寺のほかに、有名なお寺が少ないのが、曹洞宗の特徴ともいえます。宗務庁は、東京の芝《しば》にあります。

このように、仏教にかぎっていえば、宗教法人は「二重構造」になっています。たとえば、「宗教法人」である見性院と、「包括する宗教法人」である曹洞宗です。

一般的には、曹洞宗や臨済宗大徳寺派といった宗派の本部が、属する末端のお寺をがっちり管理しているように思われがちです。

しかし、実態はまったくそうではありません。すべてのお寺は、所轄の都道府県に毎年、収支報告書を提出しなければなりませんが、同様のものを宗派本部やその配下の組織が求めてくることはないからです。

また、各寺院の活動状況についても、ほとんど把握していないといってよいでしょう。正確にいえば、「把握するつもりもない」ということです。私はこの数年、仏教、宗派の既存システムを根底からくつがえすような改革にとりくんでいますが、本部から、注意や指導を受けることも、説明を求められることもありませんでした。騒いでいるのは、近隣の同門寺院だけです。

各寺院の住職には、厳然とした独立性が認められているということなのです。この独立性が、よくも悪くも、仏教の特殊性をあらわしているといえます。

なぜ住職は、やりたい放題なのか

近ごろ、いたるところで、「住職家《か》」（住職やその家族）や、その一族である「寺族《じぞく》」の不祥事が聞こえてきます。お寺の財産を私物化したり、責任役員に無断で処分したりする例はあとを絶ちません。

それから頻発《ひんぱつ》しているのが、住職家と檀家の争いです。住職たちが、檀家を邪険《じゃけん》にし、ひどい場合は無視したり、罵倒《ばとう》したりするといいますから、まったく穏《おだ》やかではありません。

こういった問題に、ちゃんと専門用語があるから驚きです。「寺檀紛議《じだんふんぎ》」といいます。専門用語があるということは、それだけ一般的だということなのでしょう。

また、たいていのお寺は、住職と副住職は親子なのですが、場合によっては、遠縁者だったり、血縁がなかったりということもあるわけです。そうすると、住職と副住職が覇権を争って、それに檀家が加勢するといった問題が起こりえます。もちろん親子間で争う例もあります。

このとき、責任役員がどちらを支持するかをめぐって、解任、新任がくりかえされ、見苦しい争いに発展します。この手の犬も食わないケンカも、たいていは住職が勝ちます。

しかし、こういった問題について、宗派の大本山や宗務庁が積極的に乗りだし、仲裁を試みてくれることはありません。とくに、人間関係がこじれて起こされる骨肉の争いのたぐいは、文字どおり「門前払い」です。寺檀紛議は大なり小なりどこにでもあるので、いちいち対応できないのでしょう。上は上で、お家騒動をやっているのですから。

その結果、お寺の住職は、やりたい放題となります。住職というものは、さながら小国の独裁者をふるまうことができます。もし、こういった問題住職の横暴にお悩みの方がおられましたら、第三者である弁護士に相談することをおすすめします。

大本山や宗務庁に訴えたり、近くの同門のお寺に相談したりしたところで、おそらくラチがあかないでしょう。訴えたところで、「双方でよく話しあって」と助言されるだけです。

宗派には、審事院《しんじいん》という、不良僧侶をただすための組織があるのですが、積極的に機能していません。また、『曹洞宗寺院住職任免規程』の第十六条には、「檀信徒《だんしんと》の大多数から不信任の表示を受け、宗務総長が認めた場合、住職を罷免《ひめん》できる」と記されていますが、ほとんど空文です。よほどの重大犯罪をおかしたのでなければ、問題住職たちが、調査や処分を受けることもないのが現実です。

さらに、そのやりたい放題を助長させるような、住職の法的な保護が認められています。

まずひとつは、住職に絶対的な代表権が与えられていることがあげられます。

『宗教法人法』では、各寺院に三人以上（見性院は五人）の責任役員をおき、そのひとりを代表役員とすることが義務づけられています。各宗派では、この代表役員を住職にあてるよう定めているのが一般的です。

曹洞宗も同様で、これは、『宗教法人「曹洞宗」規則』の第六十四条に明記されています。ただし、「特別の事由《じゆう》により、当該寺院の規則で別段の定めを設けた場合は、この限りでない」ともあります。檀家の総代《そうだい》が代表役員をつとめるお寺もありますが、とくに大きな問題がなければ、住職が代表役員になります。

その一方で、財産の処分など、お寺にとって大切なものごとを決めるのには、『宗教法人法』で、役員会の三分の二の議決が必要です。原理としては、代表役員である住職が進めたい事案があっても、残りの責任役員が反対すれば通りません。

ところが、これにも抜け穴があります。代表役員は、気に入らない役員がいれば、その任期満了後、自分のいうことを聞く人にチェンジすればよいのです。ひどい場合は、任期途中で解任することもあります。こうして、自分のイエスマンたちで役員会を固めることができます。話しあいで解決しなければ、裁判に持ちこまれますが、たいへんな時間がかかってしまいます。

もうひとつは、住職家が、お寺の実質的な経営を一手に引き受けているということでしょう。お寺の財政がうるおい、今後も持続していけるかどうかは、住職の手腕にかかっています。檀家がたくさんお布施をしてくれているうちは、それに依存してやっていくことができました。しかし、檀家が減り、その経済力も減退してくれば、住職の経営力でなんとかするしかありません。

宗派本部が各寺院に求めているのは、この「経済的基盤」です。自分たちへの「上納金」がとどこおりなく運ばれていれば、よいのです。すると、お布施をしてくれる檀家や信徒ありきではなく、お寺を持続させる住職ありきという考え方になります。

結局のところ、「住職、あとはなんとかしろよ」ということで、宗派とお寺をつなげるものは、お金しかありません。

いまが、第三の危機

住職の存在は絶対的なもの、よくも悪くも自由で独立した存在です。

その一方で、この世知辛《せちがら》い世のなか、永遠にお寺を維持し、宗派にお金を持ってこなくてはなりません。この経済的行為と引きかえにして、その独立自由の地位を得つづけます。

仏教寺院の危機は、これまでに大きく三つありました。

第一に、廃仏毀釈《はいぶつきしやく》です。前の時代には権力構造に組みこまれ守られていたお寺に対し、「仏を廃し、釈迦《しやか》を毀《こぼ》つ（破壊する）」ということがおこなわれたわけです。

第二の危機が、ＧＨＱによる農地解放です。荘園《しようえん》という歴史用語をご存じでしょう。皇族や中央貴族、そして大寺社が、荘園といわれる農地を所有し、ここで収穫される作物を自分のものにしてきました。ここで働いている農民は、いってしまえば、農奴《のうど》です。荘園の制度はやがて崩壊していきますが、こうした農奴制のようなものは戦前まで維持されてきました。これが戦後になくなったのは、それじたいとてもよいことです。しかし、お寺の経済的基盤は失われます。

そして、第三の危機は、いま訪れています。

農地を失ったお寺の経済をおもに支えるのは、葬祭《そうさい》で得られるお布施になっていました。ところが、葬儀ひとつとってみても、お寺が果たす役割は、そのほんの一部でしかありません。まず、いまは火葬が例外なく公立の施設でおこなわれます。それから、ご遺体を運搬する霊柩車、葬儀会場の花祭壇《はなさいだん》、お棺、本膳《ほんぜん》（参列者の食事）、返礼品……いずれも、外の業者に手配するものです。

お寺がやることといえば、お経を上げることと、戒名をつけることくらいです。もちろん、この二つは葬儀のなかでも重要なものです。しかし、それ以外のものを手配することなら、誰でもできるわけです。こうして、葬祭業という新しい業種が登場します。

葬祭業者による葬儀が一般的になると、お寺から派遣される僧侶も、彼らが手配する要素のひとつになってしまいました。この問題については、次章でくわしく述べたいと思います。

いずれにせよ、旧来の檀家が減り、これまでの仏教の信仰システムが崩れることによって、そして、葬祭専門業者が主導する葬祭が一般化することによって、お寺の存在意義はどんどん薄れていきます。しかも、日本の人口は減少の一途《いっと》ですから、ただでさえ減っていく葬祭の機会を奪いあうことになります。

「葬式仏教」の体現者《たいげんしゃ》といわれて久しい仏教寺院やその住職から、葬式をのぞけば、いったい何が残るというのでしょうか。葬祭で受けとるお布施がなくなれば、一般的なお寺の経済的な基盤はほとんど失われてしまいます。

ところが、多くの住職はそのことに気づいていません。いまもまだ、過去に築《きず》かれた財産と地位の上に、ぬくぬくと座っています。

しかし、そのようにいられるのも、あと少しのあいだです。各地で、お寺と住職のリストラが起こります。明らかなジリ貧産業のなかにいるのですが、コンビニエンス・ストア業界のように、とつぜん近くに新店ができたなんてことがありませんから、実感しにくいのだと思います。銭湯業界と同じです。保護されて、変化が起こらないでいるうちに、どんどん需要がなくなっているということでしょう。

宗派の本部はこの大きな問題について、ほとんどといっていいほど、有効な手だてを講《こう》じることができていません。おそらく危機感は起こっていくでしょう。各寺院からの「上納金」を増やさなくてはならないという話が、そのうち出てくるはずです。そうなると、はじめて大問題になりますが、結局は、末端にある各住職の「経済的手腕」に頼るしかない現状です。

お寺が家業

組織の柔軟性が失われて、もはや発展の見こみがない。それどころか、急速に衰退している――。そんなとき、組織は何をすればよいのでしょうか。

新しい血を入れる――。まったくそのとおりです。

能や歌舞伎のような、伝統的な技芸を継承していくような世界では、親子による伝承、つまり世襲が一般的なものとなっています。ただ、それは、わずか数十人ほどの人たちによって継承されるものです。住職のように、全国に何万人もいるわけではありません。

また、茶道や華道なども、ひと握りの家元《いえもと》は世襲ですが、その下の師範や師匠には、お金と経験を積めば、なることができます。その一方で、いくら優秀であっても、家元になることはできません。これが、多くの仏教の宗派とは異なるところです。住職の大部分が世襲なのですが、宗派のトップである管長などは、多くの場合、表向きは民主的な方法で選ばれます（浄土真宗系の宗派は、トップも世襲です）。

ところが、ここが組織の難しいところですが、トップが民主的に選ばれるからといって、もっとも優秀で、もっとも徳のある人物がその役におさまっているかといえば、そうとはかぎりません。むしろ、そうではないことのほうが多いでしょう。

問題がいよいよ顕在化《けんざい》して、どうにもならなくなったとき、きっと救世主はあらわれるものです。そう信じたいところです。しかし、組織にそれだけの危機意識がまだなければ、権力闘争を政治力や金権力で勝ちぬいた人、あるいはその対極として、無難な人、無能な人が、トップになる場合が多いようです。曹洞宗も、その例外ではありません。

近世以前は、住職は世襲ではありませんでした。それも当然で、僧侶は妻帯《さいたい》していませんでしたから、息子がいません。跡継《あとつ》ぎは、みな他人でした。しかし、他人ではあっても、ほとんどが前住職の弟子です。師弟の関係がある以上、師匠のよき継承者となるのが基本です。つぎの住職を選ぶのに大きな権限を持つのも、前の住職ですから、彼に嫌われている弟子は、外に出されてしまいます。ですから、世襲ではなかったといっても、改革は意外と進んでこなかったのです。

それが、明治になって、僧侶の妻帯が認められるようになりました。ただ、妻帯をはじめた住職が、いっせいに息子を後継者にしたわけでもないでしょう。ですから住職の世襲は、そんなに古いことではありません。せいぜい一〇〇年の歴史です。

いまでは、全体の七~八割が、実子による世襲だといわれています。それに続くのが、実娘の入り婿《むこ》への継承でしょうか。まったく血縁関係にない弟子への継承もないわけではありませんが、こちらのほうがレアケースになってしまいました。

見性院の世襲は、私の祖父の代から始まりました。つまり、私で三代目です。見性院の長い歴史から数えれば、二十三世です。ただ自分のなかでは、「住職家の三代目」という意識のほうが強く、これぱかりは否定のしようがありません。幼少のときから、そういう特殊な意識をもって育てられてきたからです。

「住職家」という奇妙な概念も、もちろん明治以降になってできたものです。お寺は、すっかり家業です。

そうしますと、新たな問題が起こってきます。住職の奥さんの立場をどうするかということです。僧侶たちが妻帯しない時代は、この問題がありませんでした。いちおう住職の奥さんも戒名を受けています。

本当に優秀な人は、住職なんて継ぎたがらない

私は五十歳の手前ですが、同世代の住職が多くいます。多くのお寺で、いま世襲三代目、あるいは四代目の住職がついているところです。世襲の一般企業でも、「三代目がつぶす」とは、よくいわれますね。おそくとも一〇年以内に、仏教界でも、この言葉どおりの状況が現実化するにちがいありません。

やはり、世襲がまねく弊害《へいがい》が大きいのは、いうまでもないでしょう。しかし、優秀な人が、田舎の小さなお寺なんて継ぎたがらないのも事実です。

優秀であれば、いくらでも自分の可能性を開ける道が待っています。海外で働いたり、事業を起こしたり、医師や弁護士になったりすることもできます。

また、住職ともなれば、弟子や檀家、信徒たちの模範となるべく、修行の日々が待っています。その人に常識的な感覚が備わっていれば、高級車を乗りまわすこともで

きませんし、世俗的な趣味に大金をつぎこむこともできないでしょう。もちろんギャンブルや過度の飲酒は、ご法度《はっと》です。すこしは現代人らしい遊びを楽しみたいと思えば、仏教の道を選ばないと思います。

そういった話をしますと、「いや、そんなことはないはずだ。私の知る住職たちは、高級車に乗っているし、ギャンブルやゴルフに没頭している」という方がいらっしゃいます。それは、事実です。

私が申しあげているのは、優秀な人の話です。高級車に乗って、ギャンブルやゴルフに没頭している住職は、特権意識にまみれた強欲な人か、よほどオツムのよくない人のどちらかであって、およそマトモな人ではないということなのです。跡を継ぐしか、生きていく道がないから、いままでどおり、やっているのです。

代表役員はいちおう住職にしておいて、実際の権限を持っているのは檀家総代《そうだい》というお寺も少なくありません。以前、お盆の法要をお手伝いしたときのお寺がそうでした。お礼を持ってこられたのが、檀家総代の方でした。ここでは、檀家が事務経理を担当しているということでした。

このお寺は、おそらく、いったん無住寺《むじゅうじ》になってしまったのでしょう。ところが、曹洞宗寺院としてやっていくには、その僧籍を持つ者が住職として担務《たんむ》していなくてはなりません。この場合、近くのお寺の住職に兼務してもらうのが、てっとり早い方法です。

住職家に経営の一切をゆだねてしまうよりかは、こういった形で、地域の名士やそれなりに見識のある人が積極的にかかわっていったほうが、信頼が高まり、健全だということもあると思います。

お寺だから、お坊さんがいなくてはいけないわけではありません。ただ、どこかの宗派に属して宗教法人としてやっていくには、その宗派の僧侶を住職にしなくてはいけないということです。もし法人格の宗教でなければ、どれほど篤《あつ》い信仰の拠点であったとしても、税金をおさめなくてはなりません。

これとは逆に、実家の住職になって、お寺の一切を背負わされてしまうのは嫌だという人が出てきても、何ら不思議はないのです。才能があれば、いくら家業とはいえ、こんな不自由で、割に合わない仕事を選ぶでしょうか。それでも跡を継ごうと思うからには、必要なのは、強い信念です。そういう人は、稼《かせ》げるかどうかではなく、自分がやるべき任務であるかどうかで判断します。

それに、一般のお寺で、あるていどの生活ができるのは、住職だけです。いまの私は給料制で、ありがたいことに、月五〇万円を受けとっています。手どりは四〇万円ほどになりますので、地方では少なくはありません。しかし、副住職以下は、同年齢のサラリーマンや公務員より、ずっと低い額なのが普通です。

いまの見性院に副住職はいませんが、私は、四十二歳で住職につくまで、副住職でした。二十五歳で副住職になったときは、月一〇万円でした。たしかに家つき、食事つき、二十代はほとんどが学生の身分ではありましたが、これが三十代も続いていました。仏教関係の書籍と葬祭関係の用具を買いこんでいたため、ほとんど手もとには残りませんでした。

当時の見性院では、自前で葬祭をやりませんでしたので、葬祭用具は、お寺の経費にはなりません。将来、自分の代になったときに、葬祭をやることにしていましたから、自腹で買いそろえていたのです。

お金が足りないので、バイトに明けくれる毎日でした。バイトで得たお布施も、当然ながらお寺の収入ですから、全部自分が使えるわけではありません。家庭を持つには、不十分となった時点で、さすがに上げてもらいました。

結局これも、自分が外でいただいてきたお布施です。月七〇～八〇万円の収入がありましたので、このうちのいくらかを合わせて四〇万円をもらうようになりました。バイトをしていなければ、月一〇万円のままだったでしょう。

副住職の立場というのは、まともなお寺ならどこも、このていどのものです。副住職時代の給料が抑えられていることで、「住職になったら、思いきり散財するぞ」みたいな、まちがったモチベーションが生まれてくるのかもしれません。

その一方で、毎日遊びほうけているような副住職がいるお寺は、経理がザルだといえます。経営もずさんで、正しい納税もしていません。

さて、お寺が世襲であることの、数少ないメリットのひとつとして、その財産が分散しないということが考えられます。世襲ではなかった時代は、職を譲《ゆず》った前住職は、お寺を出るのが通常です。

僧侶の私有の財産は認められていませんでしたが、自分のことに用いないのであれば、話は別で、隠居寺《いんきょじ》の維持などにあてることはできたでしょう。持参金がわりの「退職金」のようなものはあったのではないでしょうか。迎えいれるお寺も、それをアテにしていたわけです。裕福なお寺であれば、お金をかけて、隠居した前住職のための子院を建立したことでしょう。

こうして、檀家からあずかったお布施は、分散されていきます。檀家からしてみれば、自分たちのお布施が、遠く離れたお寺のもとに行ってしまう場合には、納得がいかないこともあったと思われます。

その点、世襲の住職家であれば、財産はそのお寺で継承されていきます。もっとも「彼らが、散財しなければ」という話ですが。

ダメ住職、増殖中

普通に考えれば、お寺を継いで、何百戸の檀家をあずかるなんてことは、おいそれとできることではありません。最低限の教養と人格が求められます。

しかし、親のほうがわが子に家業を継がせたがるのは、世の常です。とくに先代の奥さん、つまりおばあちゃんが、その家業継承を熱心に進めたがります。住職である息子の考えや本人の考えは横において、わが夫が築いた家業を、いとしい孫に継がせたいと考えるのでしょう。先代の奥さんの発言は、檀家や地域社会にも絶大な影響力を持ちますから、世襲住職の成立に異論をはさむ余地はありません。

すると、逆説的になってしまうのですが、あまり優秀な大人に育ってもらうと困るわけです。「ほどほどにおバカさん」であるほうがいいのです。

ヘタに知恵をつけてしまって、「オレは、こんな仕事をやるつもりはない」、「マジメに考えれば考えるほど、とてもやっていけそうにない」、「そもそもオヤジだって、ちゃんとやれてないじゃないか」などといわれては、元《もと》も子もないからです。

こうして、お寺の長男というものは、「家業を継ぐことで、どれだけのメリットがあるか、いかに人生の勝者となれるか」を幼少のころから教えこまれます。

おばあちゃんから、「学校の勉強ができなくたって、お寺の仕事を手伝えばいい」といわれて、甘やかされるわけです。そりゃ、子供のうちは、学校の勉強よりも、お坊さんのまねごとをしたり、檀家の接待をしたりするほうが楽しいでしょう。「ぼく、偉いね。将来はお寺を継ぐのか」などと、大人たちから話しかけられて、うれしくなるのです。

しかし、少年時代の精進《しょうじん》は、学校の勉強以外にありません。知力だけでなく、苦手な科目を努力や工夫によって克服《こくふく》し、それによって人間力をやしなうのが、初等教育です。その大切な時期に、精進の必要性を学ばず、「もっとも簡単に安住する場所を得る方法が、住職を継ぐことだ」と勝手に納得して、身体だけが大きくなって、ロクな大人になれるはずがありません。

そもそも学校の勉強が苦手な子供が大きくなって、これからの時代、小さなお寺を守っていくことなどできるのでしょうか。

というわけで、修行にも学問にも興味がなく、檀家を低く見て、世のなかのしくみにもまるで疎遠《そえん》な、「ダメ住職」が増殖するのは仕方のないことかもしれません。

私の家でも、長男は三歳ですが、おばあちゃんが、「将来は、お坊さんだよね」といっているわけです。やはりこうなってしまいます。

三代目になって、住職の教養と人格が低下していったことで、仏教界がダメになってしまったことは否定できません。住職たちは、人々の信仰が減退していくのを嘆《なげ》くより前に、「自分はどうなんだろう」と問いかけるべきでしょう。

世襲の初代となった住職たちは、もとより世襲住職ではありません。みずから仏門に入り、努力してその地位についた人たちでした。おそらく檀家や地域社会からも、一定の信頼と尊敬を受けていたものと思われます。

ところが、親が優秀だから、子も優秀というわけではありません。もっとも子をまともに育てられない親は、親の責任を果たせていないわけです。それなら、跡を継がせなければよいだけですが、当時はやむにやまれぬ事情があったのかもしれません。しばらくのあいだ、仏教は迫害されていたわけですから、身内で守っていかなくてはいけなかった理由もあるでしょう。

檀家からしてみれば、それこそ何の因果《いんが》で、こんなにできの悪い、若造《わかぞう》の住職から偉そうにされなくてはならないのかと不満に思って当然でしょう。よくよく考えてみれば、「住職家」なんてものは、つい先日できたのであって、檀家はもっと古く、江戸時代からそのお寺を支えてきたのです。あとから入ってきておいて、何をのさばっているのかと。

彼らの怒りは、もっともなことです。先代やその奥さんが亡くなると、もう憎しみしか残りません。いま頻発する寺檀紛議は、たいていそんな感情的なところに根っこがあります。

とにかく、バブル時代が仏教界の精神を疲弊《ひへい》させました。このころ、葬儀にかける費用は高騰《こうとう》し、お寺が所有する広大な土地の価値もウナギのぼりでした。僧侶たちは引っぱりだこで、売り手市場になると、お布施の相場も上がっていきます。当時の住職たちは、それこそ濡《ぬ》れ手に粟《あわ》で、お金を手にし、生活も豪奢《ごうしゃ》になっていきます。これが崩壊したときには、バブルに踊らされ、すっかり金銭感覚が麻痺《まひ》した者たちが残ったのでした。

住職といえば、かつては地域の顔役、その社会文化の中心にある存在でした。お寺も、地域の学問の中心でした。江戸時代は寺子屋として、僧侶たちが村の子供たちに読み書きそろばんを教えていました。

時代がくだっても、住職が地元の学校の先生や公務員を兼任するという形は一般的でした。私の父も、地元で教職を兼任していました。

昔は、お寺の長男といえば、ほぼ例外なく「できる子」といわれていたものでした。ところが、いまや小学校のクラスでデキがよくない生徒といえば、住職家の子なんてことも珍しくなくなりました。まったく恥ずかしいことではありませんか。

結局、なり手がいない

では、いますぐそんな世襲なんてやめて、一般に門戸《もんこ》をひらけばいいじゃないかと、誰もが考えるところです。

ただ実際は、そう簡単には運びません。ある宗派で実験的に、一般の人から住職を募集したことがありました。ところが案《あん》の定《じょう》、うまくいきませんでした。

応募した人たちは、おそらくは住職家の子供たちより、優秀だったにちがいありません。しかし、一般社会でうまくいかなかったが、「宗教なら、できるだろう」――そう、思った人もいるのではないでしょうか。世俗とちがって、最後にはわかってもらえるのが、仏道というものだろうと考えたのではないでしょうか。

しかし、それは外部からの見方でしかありません。実際は、そんなに甘くはないのです。優秀な人でも、気負《きお》いすぎると足をすくわれるのが、仏教界です。

少し前に、中学校の校長や市の区長を一般からつのったことがありましたが、これも成功例はわずかでした。みなさん、それまでの相応《そうおう》のキャリアをなげうって臨《のぞ》んでこられるのですから、迎える側も生半可《なまはんか》な気持ちでは引き受けられないはずです。

仏教界も同じです。この世界では、ほかに行くところがなくて頼ってきた人を受けいれる場合が、多々ありますが、住職候補のエリートとして迎える場合、これとは同じようにはとらえられません。

宗教にせよ、教職にせよ、行政にせよ、その内情を知らない外部の人からみれば、浮世離れした世界です。知らないからこそ、夢のようなものを感じさせます。

ところが、こういったところは往々《おうおう》にして、「特権意識が強い人」の吹きだまりでもあります。また、社会的に成熟した人が極度に少ないというのが、共通した特徴です。既得《きとく》の権益《けんえき》、なれあい社会を守るために、外部から乗りこんできた人を異常に警戒します。新参者が、少しでも改革の意識を口にしようものなら、そういった連中がいっせいに妨害してきます。そして、つぶしにかかります。

さらに檀家が、しばらく続いた住職の世襲に慣らされてしまっています。ほかの地域からやってきた人を、わが菩提寺《ぼだいじ》の住職として心から受けいれるのは、簡単ではないことが多いのです。代々その地で育った住職であれば、たいした人物でなくとも、どんな人であるかはわかります。田舎ほど、外部から来た人に対する排他の意識が強くなり、「できれば世襲が好ましい」と考えていますから、そうでない人が思いきってやるには、何かと不自由です。

結果として、一般の企業以上に、どろどろした人間関係の縮図になってしまっているのです。理想を求めてきた人が、仏教界、地域の深い闇《やみ》のようなものを知ってしまうと、心底うんざりしてしまうにちがいありません。

不条理と闘えないような耐性《たいせい》の低い人ではつとまりませんが、すぐに溶けこんで、その一員となってしまうような人は、もっと困ります。

すると、なるべく早くから、こういった状況があることを体感していて、なおかつ客観的に遠くから見ることのできる人ということで、お寺で育った子であれば、すくなくとも現実だけは見てきています。

これからは、お寺不況の時代に入ります。その厳しさは、私たちの時代の比ではないはずです。ひとかどの人物でないと、住職はつとまらなくなるでしょう。すでに、住職のいない、いわゆる無住寺が全国に何千もあります。管理する人のいないお寺の末路はさびしく、ただ朽《く》ちていくだけです。これは、檀家にとって、先祖代々の菩提寺がなくなることを意味します。

曹洞宗では、ひとりの住職で、いまいるお寺（本務寺《ほんむじ》）のほか二カ寺の兼任まで認めていますが、一カ寺でも兼任すれば、手がいっぱいです。いまのところ、檀家の多いお寺はひっぱりだこですが、これもいつまで続くかわかりません。檀家の数はどこもかならず減少の一途《いっと》をたどるからです。

二〇一四年一月、岡山県倉敷《くらしき》市のお寺で、お寺が全焼し、住職の奥さんが死体で見つかるという事件がありました。奥さんを殺し、火をつけたのは、夫である住職でした。このお寺は、外観は立派ですが、檀家がなく、経済的に逼迫《ひっぱく》していたということです。奥さんが保険の外交員をして家計を支えていたという話も聞きました。二人のあいだには、二人の小さいお子さんがいたそうです。

この事件は、とても他人事とは思えませんでした。

お寺は破産しないものだと考えている人は多いようですが、お寺も破産するのです。そのうちどのお寺も、檀家が激減し、収入がゼロにかぎりなく近づいていきますと、住職はなんらかの手を打たなくてはなりません。ここで手段を見誤ると、たいへんなことになります。

すでに借金で首が回らなくなっていたり、ほんの一部の資産家の関係者に支えられていたりしているお寺は、少なくありません。「どうやって生活しているんだろう」というようなお寺が、たくさんあるわけです。ところが、お寺が窮乏《きゅうぼう》して、破産しかかったところで、宗派は助けてはくれません。近隣の同門寺院に助けを求めたら、一生頭が上がらなくなります。

というわけで、財産も檀家も多くないお寺にかぎっていえば、住職は足りないのです。欲にまみれた住職は、お金にならないところなど見向きもしないでしょう。結局は、貧乏もいとわずに、バイトをしながらでも信仰の拠点を守る気があるかという、信念の問題となります。そして、こういった収入のないお寺は、どんどん増えていくということです。

こういったお寺が破綻《はたん》しだすと、いよいよ淘汰の時代に入ります。

お寺の子

そんな未来のないお寺の責任者を、はたしてわが子にやらせてよいものかどうか。よほどの名刹、大寺でもないかぎり、まともな親なら誰でも悩んでいます。わが子につとまるだろうかという、不安をいだいています。

かくいう私も、誰かいい人が入ってきてくれれば、いますぐ後継者にしたいくらいです。そう思って、一般の方に向けて後継者の門戸をひらいたところです。

鎌倉初期も、仏教がすたれたことで、法力《ほうりき》のある僧侶が多く出て、新宗教がつぎつぎと起こったのです。廃仏毀釈のあった明治時代もそうです。救世主は、危機のときにあらわれるのです。私が尊敬する御誕生寺《ごたんじょうじ》（福井県越前市《えちぜん》）の板橋興宗《いたばしこうしゅう》さんも、仏教の将来を危ぶんではいなくて、楽しみだということをほのめかしておられました。
問題は、どこから救世主が出てくるかです。それには、裾野《すその》を広くしなくてはなりません。多くの人に機会を与え、ダメな人はどんどん退場していただき、新陳代謝《しんちんたいしゃ》をよくする方法しか残されていません。

住職の重要な職務のひとつに、後継者の育成があります。宗門の僧侶たちを送りだしていくこともありますが、もっと手前のところで、自分の跡を継いでくれる人を育てなくてはなりません。そこで副住職が、将来の住職になる第一候補者を意味するようになりました。曹洞宗の「宗制」（さまざまな規則集）にも、そう記されています。

副住職はほとんどの場合、住職の子供なのですが、ひとりしかいないと、彼が適正であるかはわかりません。すると、候補者になる子供はたくさんいたほうがいいという見方も出てくるのです。子供を持たなかったはずの僧侶が、時代をへて、たくさんの子供がいたほうがいいというのも、皮肉な話です。

お釈迦さまには、十人の弟子がいました。「十大弟子」ですが、この数にも、意味がありそうです。十人のなかには、実子もひとりいました。お釈迦さまの弟子はすぐれた人ばかりでしたが、一般には、十人の弟子がいて、ようやくひとりがモノになるかどうか、そういったことをこの数字が意味しているのではないか、最近そんなふうに思うようになりました。実際のところ、二、三人の弟子からでは、この人というような人材とは出会いにくいでしょう。

田舎寺では、弟子というものじたいが少ないので、結局はわが子ということになるのです。いまのご時世、消去法でしか選べません。

一方で、お寺の衰退がはなはだしいですから、世襲が途切《とぎ》れてしまうということも、珍しくありません。息子が継ぎたがらない、娘が婿養子を探しているうちに、適齢期を過ぎてしまった、というような事態が起こっています。

そこで、宗派本部から、新たな住職候補を送るというような試みもあるようです。ところが、そのお寺の檀家たちが、「ウチのお寺では、若いお坊さんを支えられないから」といって、固辞《こじ》されてしまうというのです。代々の住職家なら仕方がないが、わざわざ外部のエリート僧侶に来ていただくくらいなら、自分たちで細々と運営していく――檀家たちがそのように考えるお寺も増えてきているといいます。

すると、あるていど年齢のいった、たとえば、定年後に出家したような人にしっかり勉強していただいて、そういったお寺の住職に抜擢《ばってき》するような方法もあるのではないかと考えています。若い僧侶ですと、その先、子供を育てなくてはなりませんから、お金もかかります。子育てが終わった世代の方でしたら、生活費はずっと少なくて済みます。

このように、従来どおりの世襲もあって、世襲でない場合もあるのがよいのではないかと思います。

では具体的に、お寺の子供が、どのようにして住職になるのか、私自身を例にとってお話しさせていただきます。

見性院は、祖父の代まで隠居寺でした。隠居寺とは、文字どおり、弟子に住職を譲った前住職が入るお寺です。本堂も熊谷《くまがや》の大空襲で焼失したきり、再建されていませんでした。お寺とは名ばかりで、住居しかありません。

祖父は、地元である万吉《まげち》の出身です。橋本家は、代々この地にある家でした。おそらく農家でしょう。祖父は、よそで修行をし、戻ってくると、やはり地元にある、別のお寺に入ります。はじめのうち見性院で住職をしてから、このお寺の住職をすることになりました。このお寺は、地域の曹洞宗寺院の「本寺《ほんじ》」にあたり、いわば一段格が高いとされています。見性院は、このお寺の「末寺《まつじ》」です。

私は、祖父の顔を知りません。父は、祖父が本寺の住職をつとめているときに生まれますが、小学生のとき、その祖父は亡くなります。ところが、父は年少のため、格の高い本寺を継がせるわけにはいかないということになったのでしょう。本寺を出て、隠居寺だった見性院に移されます。これが高校生のときでした。その後、頼みの祖母も亡くなります。

考えてみれば、跡を継がず、僧職に早々と見切りをつけて、新しい人生を開いていく選択肢もあったはずです。私なら、そうしたかもしれません。しかし父は、見性院を継ぎました。どうやら、一人前になったら、本寺に戻してやると約束されていたらしいのです。はたして、死ぬまで本寺に戻ることはありませんでした。本寺の住職は、そのとき入った方の子孫がいまもつとめておられます。

父は、ものごとの判断もできないときに、たいへんな選択をしてしまい、その後の苦労を強いられます。いま考えれば、戦後のどさくさには、いろんなことがあったのだと思います。

本堂が再建された日

私はここで生まれ、六～七歳のころ、本堂が再建されました。当時、一七五〇万円かかったそうです。いまの価値でいうと、一億円以上にはなると思います。

さらに、堂内を荘厳《しょうごん》する天蓋《てんがい》やら祭壇やら、仏具、大きい本手打《ほんてうち》の磬子《けいす》（お鈴《りん》のような形をした鐘《かね》）や木魚《もくぎょ》、太鼓《たいこ》などといったものが、積みかさなると、たいへんな出費となります。本堂を建てるということは、こういったインテリアこみの出費なのです。父は、建物の費用はそこそこにとどめて、こういった荘厳、仏具にお金をかけておいてくれました。これがいまとなっては、たいへん助かっています。いいものは、四〇年以上使っても、壊れず、美しい光彩を放ち、深い音色を保っているからです。

あと、外見は現代的な風体《ふうてい》の安普請《やすぶしん》であっても、堂内のサイズはできるかぎり広くつくられていました。そのため天井も低いのですが、これによって、数多くの信徒が一度に入堂することができます。派手さを避ける一方、実をとってくれたのです。質素倹約に生きた父らしい選択でした。

本堂が建ちあがっていくときのことは、いまでも昨日のことのように覚えています。学校から帰ってくると、大工の手わざを飽《あ》きることなく眺め、軽快な道具の音に耳を傾けていました。本堂が完成に向かうにつれ、大人たちは、活気に満ちあふれていきました。建前のとき、お餅を投げたりするわけですが、ここでも、彼らがひとつの方向へと決起しているさまが伝わってきました。

子供ながらに、見性院がようやく、立派なお寺になれたように感じられ、うれしかったのを覚えています。いまとなれば簡素な建物ですが、それでも本堂があるのとないのとでは大違いだということを、幼いながらに認識していたのだと思います。ただ、お寺の建物と、家の建物との区別は、ほとんどついていませんでした。

そんなある日、見性院の新しい本堂が学校でも話題になって、誇らしい気分でいると、同級生だった檀家の子息から、「ウチらが寄付したたから、できたんだぞ」といわれてしまい、驚いたことがありました。本堂は、ほかのお寺と同様、おもに檀家からの寄進のお布施によって建てられました。しかし当時は、自分ん家がどうして、他人からいただいたお金で建ったんだろうということが、よくわからなかったのです。

あとになって母から聞いた話ですが、当時の私は、「跡を継いだら、十一階建ての会館ビルをつくるぞ」と口にしていたそうです。無邪気《むじゃき》な時代があったものです。どうやって資金を調達するかはもちろん、そんなものが本当に必要かということを、考えもしなかったわけですが。

ですから、代々再建にいそしみ、本堂を立派にし、七堂《しちどう》伽藍を揃《そろ》えたくなる人の気持ちは、わからないわけではありません。

ただし、仏教、とくに禅はハコモノ行政ではないので、本堂と客殿のいくつかがあれば、ほかの堂塔はなくとも、なんとかなります。それに仏教建築は、たいへんお金がかかります。

とくに塔は、小さくても「一層一億円」というほど、建築費用がかかります。五重塔なら、最低でも五億円です。そのわりに、これという用途《ようと》があるわけではありません。でも、見栄《みば》えがするので、建てたくなるのでしょう。山門《さんもん》だってそうです。重厚なものをつくっても、誰もぐらないのであれば、何の意味もありません。

私にとっては、それよりも堂内で何をするかということが、大切なわけです。父が残した本堂は、音響がよく、いまでも堂内で読経や伴奏を効果的に演出してくれます。

伽藍をととのえるお金があるなら、もっと有効に使いたいものです。そう心から思えるようになったのは、本堂もないようなお寺に生まれたからだと思います。とても感謝しています。

世田谷《せたがや》学園から駒澤《こまざわ》大学へ

さびしかった見性院は、本堂の再建を機に、よみがえりました。そのときに、私の心の中にも誇りと自信のようなものが回復するのですが、そういった感動をよりどころに、早いうちから跡を継ぐ決意をしていたように思います。

高校から、地元を離れて世田谷《せたがや》学園に進みます。ここは、東京近県で曹洞宗の僧侶になろうとする人が集まってくるところで、曹洞宗の経営です。柔道なんかで有名ですね。ただ最近は、すっかり受験校になってしまいました。しかし、仏教系の学校は、あんまりレベルが高くても、困るのです。難しいと、宗派の子弟が誰も行けなくなりかねません。私の時代はまだ入学ができました。

仏教系ですから、体育館には祭壇がありました。道徳の授業はなく、これに宗教の授業が代わります。それから、お寺の子弟は、強制的に仏教青年会に入れさせられます。これは、本格的な仏教クラブのようなもので、托鉢《たくはつ》したり、坐禅をやったり、奉仕活動をしたりします。また、春休みや夏休みを返上し、道場にこもって修行をします。このときはじめて、頭髪を剃《そ》って、衣《ころも》を着ます。一着目の衣は、生涯の宝になります。

それから、印象深かったのが、お盆におこなう「棚経《たなぎょう》」の修行です。ほかの修行は、厳しいとはいっても、内輪《うちわ》でおこなわれるものです。ところが、棚経の修行は、実際に檀家まわりをします。檀家の仏壇の前に座って、お経を上げます。つまり、一般の家庭と深い接触をするのです。家族や友達、先生など、狭い人間関係しか知らない高校生にとって、これは、コミュニケーションの能力をやしなう絶好の機会となります。このときについた胆力《たんりょく》が、のちになって役立ちました。

棚経は、盆棚経の略です。昔の農家では、お盆になると、仏壇の前に二段の棚をつくって、お供《そな》えをします。つまり盆棚です。精霊棚《しょうりょうだな》ともいいますね。それで、お盆にお邪魔して、おとなえするお経のことを盆棚経といいます。

世田谷学園は、寮がありませんでしたので、熊谷から二時間以上かけて通わなくてはなりません。朝は車内で寝ていました。これが、ありがたい休息の時間でした。

高校を卒業すると、駒澤《こまざわ》大学の仏教科に進学します。この学科の生徒は、二、三〇人ほどです。私が通っていたころでも、半数は一般家庭の学生でした。

駒澤大学は曹洞宗の経営で、全国の曹洞宗寺院住職の八割以上が、この大学で学びます。あとは、横浜の鶴見大学などで、ここも曹洞宗の経営です。もちろん駒澤にも行けない人がいますし、わずかではありますが、東大や早慶に行く人がいます。

私は、大学院まで進んだのですが、ここまで来る人は一〇人ほどになります。半数以上が、東大や早慶などから入ってくる人ですので、学部と比べると、格段にレベルが高くなります。博士課程まで進む人は、五人ほどでした。

大学院には、スリランカや韓国、中国、台湾などから学僧エリートたちがたくさん留学していました。こういった人たちとは深いつきあいとなり、それぞれの国を案内してもらったこともあります。

彼らに共通していえることは、たいへんな勉強家であり、戒律に厳しく、生活のスタイルがストイックだということです。ぬるま湯につかっている自分が恥ずかしくなるほどでした。これは、日本とは大きく違うところです。

私の場合、学部を卒業してから、いったん永平寺に入って、三年間の修行をしています。それで二十五歳。ここから院に進んで、修士二年、博士三年。学びが終わると、もう三十歳になっていました。

この間、世間ではバブルがピークに達し、崩壊していました。三十歳になって、私が社会に放りだされたときには、日本はすっかりバブル時代の後始末に追われていたのでした。

永平寺の修行

曹洞宗の僧侶が、かならずしも永平寺で修行しなくてはならないということではありません。苦労を避けたければ、たとえば、師匠である父親の知り合いのお寺で、修行とは名ばかりの、気楽な居候《いそうろう》生活を過ごすこともできなくはありません。あえて厳しく接してくださる方もいらっしゃいますが、お客さんあつかいが多いのではないでしょうか。

ただし、「永平寺で修行をした」という略歴が、一般社会で話をするときに、大きな武器になります。この「箔《はく》」が欲しいがために、多くの修行僧が永平寺に向かいます。この機会にでも行っておかないと、永平寺とは一生涯、縁なく終わる僧侶もいるでしょう。

私は、大学を出てから、大学院に進むまでの三年あまり、永平寺で修行をしました。この三年という期間は、通例より長いものです。だいたいは、一年くらいで修行を終えて、それぞれの「実家」に帰っていきます。

しかし、いまどきの修行なんて、永平寺といっても、死ぬほど厳しいものではありません。大所帯であるぶん、人間関係も少しは希薄になりますから、かえって気楽だともいえます。それでも、幼少のころから甘やかされて育った「世襲住職家」の子息にとっては、ことさら厳しく感じられるでしょう。

朝は三時起床。では、夜は早く寝るのかといえば、やることはたくさんあって、十時、十一時になってしまいます。寝不足から、まず体力が失われていき、つづいて精神がまいってきます。

なぜ、そんなに忙しいのかといえば、永平寺は、一般の修行道場ではないということです。日中は、多くの参拝客がバスなどで訪ねてこられますから、その受付や準備があります。それから、宿坊で泊まる一般の方も多くいらっしゃいます。接客係は、掃除をして、部屋に案内して、お茶を入れて、布団を敷かなくてはなりません。

たいへんなのは、食事係です。一般的な禅寺では、典座《てんぞ》といって、これも重要な修行です。住職以下、同じ修行をする身の食事をつくります。この場合、修行者の食事ですから、美味を追求する必要はありません。

しかし、一般の宿泊客相手では、そういうわけにはいきません。なかには、「精進料理」というものを楽しみにしてこられる方もいます。味は二の次、あるていど腹が満たせればよいだろうというわけにもいきません。これが、たいへんな数ですから、典座とは名ばかり、実態は食事係なのです。この係になった人は、お勤めのある本堂と厨房のあいだを、あわただしく行ったり来たりの毎日となります。

つまり、朝、昼、晩、三回のお勤めのほかに、旅館の料理人や仲居のような仕事をするわけです。観光客だけでなく、観光会社の方の相手も重要です。こうした仕事も、広い意味では修行なのですが、体《てい》よく手として使われているともいえるでしょう。外部の方を相手にするわけですから、精神的にも疲労します。これにくわえて、自分自身の学問も必要です。こうして、家に戻れる日まで、指折り数えて耐え忍ぶことになります。

そんななか、一年間ではもの足りないと思った私は、変わっているのかもしれません。なぜ、一年では足りないのかといえば、それでは一連の作法をひととおり経験できないからです。せっかくやる以上は、全貌《ぜんぼう》を見ておきたいわけです。

大きなお寺ですから、食事係や接客係のほかにも、いろいろな係があります。これら転役《てんやく》して配属されていきます。ある程度の経験年数がないと、できない役もありますから、二年半はいなくてはなりません。

大仕事というのは、本堂で、大きな木魚や磬子を鳴らしたり、中心になってお経を上げたりする役です。つまり、修行僧のリーダーのような役ですが、ここまで来ると、最年長の部類になります。一五〇人以上いる修行僧のなかで、四年以上残る人は、四〜五人です。

高卒の人や大学院卒の人もいますが、八割は大卒ですので、大半の修行僧は二十二歳から二十五歳くらいです。このほか、二、三〇人ほど、一般寺院の住職などで、修行僧の指導のために来ています。こういった方は、給与をもらっています。

しかし、ここには、年配の方の修行僧は、ほとんどいません。高齢の修行者を受けいれた住職も、「では、永平寺で修行してきてください」とは、さすがにいいづらいでしょう。五十を過ぎると、ちょっとした修行で、足が痛い、腰が痛いとなりますから、永平寺では、一カ月も持たないのではないでしょうか。

実際に、若い修行僧でも、一割近くが挫折します。脱走して、呼び戻されたり、入院したりするのです。こういった人は、まず大成しません。

四年間のアメリカ留学で見たこと

世田谷学園、駒澤大学、永平寺、駒澤大学院と、長い学びの期間が続きましたが、これを終えても、すぐに見性院でいまのような日々を始められたわけではありません。父が現役の住職としてつとめていたわけですから、田舎のお寺にいてもやることがないわけです。こういったお寺では、たいてい副住職以下、一般の僧侶は、暇を持てあましています。

ただ、個人的には、思うところがありました。これからのお寺の住職は、英語ができなければダメだと、なんとなく考えていたのです。見性院をいずれ、オープンな場にして、外国からの学問や修行の希望者も受けいれたいという、夢をいだくようになっていました。

院に進むと、外部から入ってきた学生たちは、みな英語が得意です。日本や中国の仏教を研究するからといって、英語で論文を書く機会がないわけではありません。資料が英語というときもあります。ところが、学部から上がってきた人は、私もふくめて、いちように英語が苦手でした。こんなことでは、駒大出身の住職は、将来の仏教界を背負えないなと歯ぎしりしました。

三十一歳のとき、渡米します。英語留学と、それだけでは生活できないので、日系寺院でのお手伝いを目的としました。結局、ロサンゼルスにある曹洞宗寺院に居候し、そこを手伝いながら、サンタバーバラの語学学校に通いました。

ところが、すぐにこれではダメだと思いました。まわりにいるのが、日本人ばかりだからです。環境を変えるために、バークレー近郊の、やはり曹洞宗寺院に寄宿することにしました。

アメリカには当時、禅センターのようなところが、曹洞、臨済あわせて三〇はありました。バークレーのお寺もそんなひとつですが、ここでしばらく坐禅や、たまに茶道なんかをやっていました。ただし、ここも結局は日本人社会でした。センターを守っておられたのが、日本人夫婦だったからです。

そのとき、スタンフォード大学で仏教学研究所が何年か前に立ちあがったという話を耳にしました。そこの先生が、二人とも曹洞禅の専門だったということで、コネができ、客員聴講生、あちらのいい方ではビジティング・スカラーとして入れてもらえることになりました。のちに研究員にしてもらいます。聞こえはよいのですが、教授職でないかぎり、聴講生とそれほど変わりばえはしません。

念願の英語ベースの日々が始まったかのように思われました。しかし、こういう特殊な世界で教授をつとめられるような人は、日本語どころか、中国語も堪能《たんのう》です。そして、自分のまわりにいる人は、日本での留学経験があるような人が多く、日本文化の信奉者《しんぽうしゃ》でもありました。これでは、こちらからなんとかして話を聞いてもらおうとする経験ができません。甘やかされてしまいます。

こちらの英語がたどたどしいわけですから、こみいった話では、日本語を用いたコミュニケーションになります。結局のところ、自分の英語力が足りない点を痛感するだけの毎日でした。

私は、アメリカ独自の禅文化や彼らの意識や感覚を知りたくて学びにきているのですが、彼らにしてみれば、日本で博士課程まで学んだ日本人僧侶が、わざわざ向こうから来ているのです。渡りに船とは、このことです。「ハシモト、これはどういう意味か」と毎日、日本語まじりで質問されます。私がアメリカのことについて質問しようものなら、「日本人の君が、そんなどうでもいいことを知ってどうするんだ。それより、本場の仏教について教えてくれ」といいます。

というわけで、こちらは何の勉強にもならないまま、二年が過ぎました。失望して日本に戻ったときには、三十五歳になっていましたが、振りかえってみて、いちばんの収穫が、じつは最初のロサンゼルスでの経験だったのです。

ここの信仰は、日系人に依存していたため、信徒の数も尻すぼみとのことでしたが、当時は一〇〇〇人ほどいました。

そこでお葬式や法事もやっていましたが、同時に、地域のコミュニティスペースの役割を果たしていたのです。彼らはここで、茶道だけでなく、華道、武道、書道、太《たい》鼓《こ》の会などにいそしみ、子供たちのために、公文《くもん》式の勉強を教えていました。お盆のときには、焼きそばやたこ焼きをつくってふるまい、お正月には、アメリカナイズされたおせち料理をつくって食べていました。

日本のお寺と違って、いつも人が出入りしていました。毎月のように、ニュースレターも出していました。それから、月に一回、第三日曜日あたりに、祥月《しょうつき》法要というものがおこなわれ、教会の日曜礼拝のように毎週はないけれど、それに近い機会がもうけられていました。いつも一〇〇人くらい集まって、たいへん活気があったのを覚えています。

日本でもかつてはあった、菩提寺のあるべき姿がここにはありました。寺子屋、村の文化の中心としてのお寺のあるべき姿でした。

ダメ坊主は、チェンジしよう

ロサンゼルスの日系寺院は、地域のコミュニティスペースの役割を果たしていました。こうしないと、三世、四世と代替わりしていく信徒を引きとめられないからですが、同様の努力や工夫をいまの日本のお寺がやっていないことに、あらためて気づかされたわけです。

日本のお寺の人間は、何から何まで檀家に頼りっきりで、宗教団体が檀家や信徒におこなうべきサービスの必要性を考えようともしません。これでは、愛想《あいそ》をつかされて当然でしょう。「一度釣った魚に餌《えさ》をやらない」といいますが、はるか江戸時代の初期に釣ったきり、檀家は、お寺にとって永遠の搾取の対象でしかないのです。

葬儀の際に、何十万円ものお布施を包んでもらって、ごつい金時計をして、高級車で乗りつけるような、菩提寺の住職を呼ばなくてはならないのは、まったく悲劇としかいいようがありません。素行不良の僧侶でも、いまのところ何とか仕事にありつけるのが、仏教界です。

また、冴《さ》えない感じのお坊さん、すっかり耄碌《もうろく》したお坊さんが来て、寝言のようなお経をモゴモゴされるのも、たまったものではありません。睡魔《すいま》と闘いながら、「早く終わってくれないかな」となるわけです。こうして、葬儀のなかで読経《どきょう》にあてられる時間は、どんどん短くなっています。

同じお経を読んでもらうんだったら、やはり美声のほうがいいですね。平安時代に、女官《にょかん》が若い僧侶に恋をしたという話がありますが、これも、姿が見えないのに、その声にひかれたのです。それくらいに、声は、徳や学識などと同じように、僧侶の大きな武器です。澄《す》みきった、よく通る声によって、会場は引き立ち、格調は一気に高まります。

人生というもの、親にせよ、上司にせよ、自由に選べなかったわけですから、最後を送りだしてもらう導師《どうし》くらいは、自由に選びたいものです。誰だって、どうせお願いする以上は、やる気のない人や「堕落《だらく》坊主」よりかは、いかにも徳がありそうな人や、さわやかな青年僧のほうが、いいに決まっています。

これまでは、菩提寺から迎える導師に対して、檀家が要求をすることはできないと思われてきました。でも、時代は変わったのです。これからは、「おたくの副住職は、とても来客に見せられるものではない。ちゃんとやれないんだったら、借りてきてでも、もうちょっとマシな坊さんを呼んでこい」と、ハッキリいってやりましょう。檀家なんですから、これくらい要求しても、バチはあたりません。

『美坊主図鑑《びぼうずずかん》』という本があるそうです。眉目秀麗《びもくしゅうれい》なお坊さんが収録された写真集です。美形だからどうというわけでもありませんが、傲慢《ごうまん》なうえに不細工な坊主だったら、外観だけでもマシな人を選ぶでしょう。いまの檀家の制度が完全に崩壊して、どのお寺で葬儀をやるかが自由化されたら、「美坊主」だって、選び放題なのです。AKB《エーケービー》48の握手会では、何百人ものファンが並んでいる人がいる一方で、ひとりも並んでいない人がいるそうです。

仏教が自由化されれば、そうなります。全国から選ばれたAKB48のなかでさえ、人気のある人とそうでない人がいるのですから、最初から選ばれてもいない僧侶の質が正当に評価されたら、その差は歴然のものとなります。

ですから、私のように「美坊主」としてやっていけない僧侶は、ほかのところで努力するしかありません。日ごろより、謙虚であったり、かいがいしく奉仕させていただいたりして、「あのお坊さんは、いつもよくやってくれているから」といって、葬儀や法事をお受けさせていただくしかありません。

これがあたりまえの世間になって、お声をかけていただいたときのありがたさも、身に沁《し》みるというものです。

僧侶の心得《こころえ》

見性院では、つぎのような「僧侶の心得《こころえ》十カ条」というものをあげて、基本的な節度を保つよう心がけています。

一、質素倹約を旨とし、清貧なくらしをすること。
二、禁酒禁煙をできるかぎり心がけること。とくにマナーを身につけること。
三、勤勉家であること。
四、品行方正であること。
五、ゴルフ・釣りはしないこと。
六、ギャンブルはしないこと。
七、高級車に乗らないこと。
八、幸福な家庭をつくり、夫婦円満であること。
九、人を差別せず、よりよい人間関係をつくること。
十、忘己利他《もうこりた》の精神で、広く社会に貢献し、奉仕すること。

「えっ、こんな内容で、つとまるの？」と驚かれた人も多いのではないでしょうか。まったく恥ずかしい話ですが、いまの仏教界は、ここに記したことをできていません。仏の教えを説く以前のレベルなのです。こんな人が口先で読むお経に、ありがたみがないのは、いうまでもないことです。

また、「職務規程」もあります。これは、僧侶をふくめた、すべての職員に求められる規程です。「僧侶の心得」と似たような内容ですが、清潔、身だしなみ、言葉づかい、挨拶《あいさつ》、人前での禁煙、時間厳守、清掃、節約、坐禅会への参加、読書、公平などが規定されています。いずれも、仏につかえる身分である以前に、人としてきちんとしたふるまいができるかが問われています。

さらに、「見性院内三原則」があります。

一、「さん」づけ
二、敬語

三、低姿勢

まるで、どこかの教室みたいですね。しかし、これが仏教界の現実です。お寺のなかで、こういった基本的な啓発《けいはつ》をイチからやらなくてはなりません。ゆとり世代がどうこうといった話をよく耳にしますが、いまの日本人は老若男女、こんなあたりまえのことができていません。住職や僧侶も、そのかぎりではないのです。

これから、世知辛い時代のお寺の経営やサバイバルについて書いていきますが、僧侶には、それ以前に守られるべき基本があります。それが、一般の人の手本となる生き方を実践することであり、仏教的にいえば、修行と学問の実践です。

私たちが、お布施という名のお金を受けるのにも、それなりの理由があります。それが、自分たちの生活を安定させ、お寺の財政を豊かにするためだけにおこなわれているのであれば、「生臭い坊主」の生業《なりわい》にすぎません。

それなら、まだお金にはいっさい目もくれず、社会にも背を向けて、おのれの「修行と学問だけに時間をつかいやすい「青臭い坊主」のほうが、はるかにいいですね。

私は、事業のようなことをやっていますが、実業家になるつもりはありません。いまの立場は、「生臭い坊主」（現実）と「青臭い坊主」（理想）のあいだをウロウロしています。最終的にどうありたいかについては、のちほどお話しさせていただきますが、いまは、修行や学問になかなか時間をとれない日常を耐えながら、目的に少しずつ向かっているところです。

修行者の理想を完遂《かんすい》できていないわけですから、いっそう最低限の日々の規律は、守っていかなくてはなりません。

朝の早起き、これは基本です。私の場合、五時半に起床します。

そして、六時に鐘を打ちます。これは、鐘を打つことによって自分自身が目覚めるということもありますし、近隣に朝を伝える機能も果たしています。これにも技術があって、たまに時間がなくて弟子に任せたりしますと、「今朝はよく聞こえませんでした」と、お叱《しか》りをいただくこともあります。

六時すぎからは、朝のお勤めです。本堂に上がって、かならず一〇分から一五分、読経をします。これは長いほうではありません。まったくやらない人もいますが、それは論外でしょう。ただ、毎日のように法事が入っていて、そうでない日も来客や訪問がありますから、そちらを優先してしまう日がないわけではありません。

こういったときに、ひとりで何でもやることの限界を感じます。修行寺でしたら、多くの僧侶がいますから、お勤めのあいだ、簡単な仕事は信頼のおける人に任せることもできるでしょう。実力のある弟子がたくさんいれば、個人の修行と学問以外の仕事を分業することもできます。

残念ながら、いまの見性院はそこまでの規模ではありません。貴重な時間を修行や学問に割《さ》くためにも、お寺を繁栄させて、すばらしい弟子や僧侶により多く集まってもらわなくてはいけないという理由があります。お寺の繁栄というのは、七堂伽藍が揃っているとか、広い墓地を有しているとか、不動産収益が大きいとかではなくて、仏教や宗派の将来を任せられるような弟子が多く集まることなのです。

さて、理想はひとまず横において、現実の話を続けましょう。

第二章　「葬式仏教」は、〝悪〟か？

葬祭《そうさい》と墓地――「葬式仏教」を支えているもの

一般的なお寺の場合、収入の約七、八割が、葬祭《そうさい》関係です。それらの収入は、宗教行為に対するお布施です。他の非営利法人と同様、建前上は、利益を上げてはいけません。現在、どこのお寺でも、葬祭関係以外のお布施の機会は、なかなか見当たらず、その比重は大きくなるばかりです。僧侶たちに、「葬式仏教」という揶揄《やゆ》が投げかけられるようになるのも、当然のことでしょう。

いまの仏教、「葬式仏教」の内情をお話しする前に、基本的なことがらを整理しておきましょう。

まず葬祭とは、お葬式と祭祀《さいし》です。簡単にいいますと、亡くなった人をあの世に送りだすための儀式と、その霊を供養するための儀式です。お葬式には、通夜《つや》と葬儀、あるいは告別式が含まれます。いっぽうの祭祀は、いわゆる先祖供養で、初七日《しょなのか》、四十九日《じゅうくにち》、一周忌《いっしゅうき》、三回忌……三十三回忌の法要や、お盆の供養、墓参りなどが考えられます。法要は、法事ともいいます。

では、葬儀と法事は、具体的に何が違うのか、ご存じですか。じつは基本的なところは、いずれも亡くなった方への供養ということで、ほとんど違いはありません。ただひとつ大きく異なる点として、葬儀では、戒名を授《さず》ける式があります。法事は、原則として、すでに授けられた戒名をもとにおこなわれています。

この戒名が、もっとも重要なポイントです。そして、多くの「葬式仏教」の担《にな》い手たちからすれば、ここだけは絶対に譲れないところでもあります。それは、「戒名授与権」ともいうべきものです。

戒名の内容は、宗派によってかなり異なりますが、院号《いんごう》や位号《いごう》という、階級をあらわすパーツをともなっており、それによって、お布施の額の大小が存在するのが、一般的です。さらに、この院号や位号の違いによって、そのあとに続く法事のお布施の額も増減します。

仏教界は、長らくこの戒名にともなう階級を当然のものとして受けいれてきましたが、たいへん差別的なものです。

葬祭によるお布施と並んでもうひとつ、「葬式仏教」の収入の軸となっているのが、墓地経営です。これは、直営と委託、名義貸しなど、形態はさまざまですが、一般の法人や個人がただちに参入できる業種ではありません。つまり、宗教法人など、特定の法人に許された「特権」です。

墓地を使用するときに支払われる代金は、どういうわけかお布施とはいわず、ストレートに「使用料」と呼ぶ場合が多いようです。墓地使用料、永代《えいたい》使用料などと用いられます。スペースの大小によって、それぞれ額が決まっています。

戒名授与を含むお葬式と法事、そして墓地が、「葬式仏教」の経済を支えている生命線です。

葬祭業者の錬金術《れんきんじゅつ》

現在、見性院では、お葬式の一切を自分たちで運営しています。そのためのスタッフが経験を重ねているところです。葬祭業者の手は借りていません。

葬祭業というのは、プロデュース業です。大きな企業なら、自前のセレモニーホールを所有しているところもありますが、町の小さな葬祭業者であれば、手持ちなし、電話一本でやっています。

火葬の日どりを決めて、お棺《かん》と霊柩車《れいきゅうしゃ》を発注します。お棺では、全国に営業所のある納棺《のうかん》協会という大手があります。ほとんどの葬祭業者がここにお願いしているのではないでしょうか。また霊柩車では、首都圏に多くの営業所のある東礼《とうれい》自動車という会社に頼めば、すぐに手配してくれます。いずれも、株式会社です。

それから、会場を借りて、葬祭道具を借りて、花屋さんと仕出し屋さんに注文して、最後にお坊さんを呼べば、誰だってやれるわけです。自前で用意するものは、ほとんどありません。そのための投資がいりませんから、請求した料金から外注の業者に支払う代金を差し引いたものが、手もとにまるまる残ります。

ただし、葬祭業というものは、ひとたびお客さんのほうに目を向ければ、だいたいが一期一会《いちごいちえ》です。葬儀の相談に来たら、その人物や職業などを見て、「この家は、いくらまで出してくれるか」の計算ができ、それを臆面《おくめん》もなく実行できる人が成功します。「あそこは、高すぎる」と、近所やインターネットでいいふらされないていどに、高く見積《みつ》もるのです。ですから、よくいわれる「相場」なんてものは、最初からありません。相手によって、一五〇万円になったり、三五〇万円になったりします。

そして、「二〇〇万円くらいでやれますよ」と聞いていたのに、請求書を見たら、二四五万八六三七円とか、やたら細かい数字になって、総じて最初の試算より高くなっているものです。

おそるおそる指摘してみますと、「お花を立派にしたから」、「参列者の方が予想より二〇人多かったから」と、いろいろ個別の理由を重ねてきます。ただ最終的に、相手にとって、「払えない額ではない」という点がポイントです。これが、商売人の嗅《きゅう》覚《かく》というものでしょう。

それでも食い下がると、「では、二三〇万円に値引きさせていただきます。こちらは赤字ですが、最初にしっかりとご説明しなかった私どもにも責任がございます。いい勉強をさせていただきました」などと答えます。これで、たいていの人は折れます。二三〇万円でも、もうけがあるのは、いうまでもありません。

こうして得た収益の大半を宣伝費や営業マンの人件費に回すことで、つぎのお客が集まってきます。電話一本の商売ですから、熊谷にオフィスをおいて、東京や横浜のお葬式を受けることも可能です。社員を増やし、機会を増やし、数をこなしたぶんだけ、もうかるしくみになっています。

もちろん誠実な業者の方もいらっしゃいます。ただし、こればかりは当たってみないとわかりません。それに、近年の葬祭関係は、縮小傾向にありますから、格安のパック葬儀も提案されるようになりました。裏を返せば、「もうけられるところから、もうけておこう」ということなのです。

いずれにせよ、最初の段階で、細かいところまで、きっちりと額をつめておくことをおすすめします。これは高いなと思ったら、「ほかのところに当たってみます」といえば、まず安くなります。向こうは、少しでも利益をとれるのであれば、一件でも多くお受けしたいわけですから。

葬儀の相談をまずどこにするかを聞かれたら、八割以上の方が葬祭業者と答えるそうです。

ただ、すぐに葬祭業者のもとを訪ねずに、相場のこと、業界の知識をあるていど頭に入れてから、相談に入られることをおすすめします。相手は、商売のプロです。最低限の知識や情報なしで、「どうしたらよいですか」と駆けこむことは、それこそ鴨《かも》がネギを背負っていくようなものではないでしょうか。

インターネットで調べると、ありあまる情報が数分もあれば入手できますから、これをメモにとって臨むだけでも、ずいぶん違います。インターネットに慣れない方は、お子さんやお孫さんに調べてもらってください。

祭壇を飾る花代は、とくに料金が変動しやすい要素でしょう。葬祭業者が花屋さんに支払う額が、そんなに高いはずがありません。明細の「花祭壇」のところには、もっともらしい金額が書いてあったりしますが、ここで、冷静になって、通常の物価を考えてみてください。

バラ一本は、業者価格で一〇〇円もしません。五〇〇〇本でも、原価は五万円です。これをアレンジメントの技術で、少ない本数でもボリュームがあるように錯覚させるのです。ですから、何十万円もするわけがありません。

こうやって、すべての項目で、すこしずつ利益を乗せてきています。芳名帳に記入していただくための文具代が五〇〇〇円とか。これなど、筆ペン二、三本ですから、数百円です。料金システムが、まるでスナックの乾きもの代、ミネラルウォーター代みたいになっているわけです。

「葬式芸者」の悲哀

ところが、導師《どうし》役をつとめた僧侶に渡すお布施だけは、葬祭業者が代理請求する費用のなかに混ぜこむことができません。宗教行為という性格上、葬祭業者がじかに受けとることができないためです。

では、どうするのかといえば、僧侶がいったん受けとるわけです。

私が、副住職の時代に、こんなことがありました。そのころ、生活がたいへんだったこともあって、葬儀の出張をお受けしていました。つまりは日当のバイトです。

世のなかには、僧侶の派遣業者がいくつもあります。これとは別に、葬祭業者が僧侶派遣を兼ねている場合があります。また、個人の僧侶があいだに入って、派遣の差《さ》配《はい》をしていることもあります。

こういった複数の業者に登録しておきます。私の場合は、一〇社くらいに登録して、実際に話が来るのは、三、四社でした。お呼びがかかったら、指定された葬祭会場に行くという生活を、五年ほどしておりました。

お布施の額には、多くの方がいちように頭を悩まされるところですが、葬祭業者を通すと、とりあえず「相場を教えて」くれます。「その場合でしたら、だいたい三五万円くらいお渡ししておけば、十分ではないでしょうか」というわけです。ところが、本当のことをいえば、お布施に相場なんてあるわけがありません。聞かれれば、正しい相場をお答えはしますが、人によって数千円から数千万円まで千差万別というのが、お布施です。それが、宗教的行為というものだと思います。

横浜の葬儀に呼ばれたときのことでした。お布施ということで施主《せしゅ》の方から封筒を渡され、中をあらためてみますと、八〇万円入っていました。もちろん、そのままお寺に持って帰れるわけではありません。最初の仲介をした僧侶に封筒のまま渡します。彼は、そこからいくらか抜くわけです。

仲介をする僧侶には、これを専門にし、仲介業を生業としている人がいます。特定のお寺に属していない人もいます。多くは、どこかの宗派には属しているでしょうが、なかにはウソをついている人がいるかもしれません。こうなると、「ヤミ坊主」

です。もっとも、有償《ゆうしょう》で仲介する時点で、立派なブローカーなのですが……。

ただ、彼が曹洞宗の僧籍《そうせき》を持っていたとしても、来る葬儀の話が曹洞宗関係のものばかりとはかぎらないでしょう。そんなときは、「大丈夫、大丈夫、ちゃんと○○宗のお坊さんを寄こしますから」とでもいうのでしょう。

あまり信徒のいない宗派だと、なかなか知りあいもいないはずです。どう対応しているのでしょうか。最初から無宗派の、あるいは別の宗派の僧侶ですといってやるのでしたら、悪いことではありません。ただ、それですと、声をかけられにくいでしょうから、すると、「なりすまし」の場合もありそうです。「○○宗の葬儀としきたり」みたいな本がたくさん出ていますが、ちゃんと需要があるのです。

そして、渡されたお布施は、つぎに仲介僧侶から葬祭業者の手に渡ります。ふたたび私の手もとに戻されたときには、八〇万円は二五万円になっていました。仲介の手数料という名目で、五五万円も「中抜き」されていたのです。

このときばかりは、さすがにいたたまれない気持ちになりました。二五万円が少ないということではありません。十分すぎる額です。しかし遺族の方は、導師として供養をつとめた僧侶（お寺）に八〇万円ものお布施を用意することで、ご自身の役目を果たしたと考えたにちがいないからです。

はたして、その大半は手数料にあてられてしまいました。こんなひどい現実を「知らぬが仏」とはいえません。もっともこの場合は、仲介僧侶と葬祭業者の二者があいだに入っていたので、ダブルでピンハネされてしまったわけです。

仲介者や派遣業者はもちろんのこと、葬祭業者によるお布施の中抜きは、ほぼ常識です。仲介手数料をとらない葬祭業者がおられないわけではないですが、通常は、少ないところで二、三割、多いところでは六割を抜いて戻されます。三〇万円の布施ですと、六〜一八万円が「中抜き」されます。

これに、会場までの交通費や宿泊費があれば、派遣僧侶の自己負担です。お布施じたいが七〜八万円ですと、実費を支払って、簡単な食事をとると、ほとんど残らないこともあります。

ただ、ここで仲介者や業者にひとこと申しあげると、二度とは呼んでもらえません。「せっかく声をかけてやったのに、面倒なやつだな」というわけです。派遣僧侶は、芸者と同じで、お座敷がかかれば喜んで駆《か》けつけ、いかなる待遇であろうとも、不平を述べてはなりません。つまり、「葬式芸者」です。

そして、いまもこうやって食べている、ほとんどの僧侶は、自力で開拓するよりかは楽だということで、「葬式芸者」の地位に甘んじています。プロセスはどうであれ、黙認していれば、一回一〇万円前後の「花代」をもらえるのですから……。

しかし私は、そういう経験をして、かえって、「外部の人に頼らず、ひとりで最初からやろう。それで、単価を下げよう」と思うようになりました。そう考えたことが、長い改革の第一歩です。

よく知られていない、戒名の本当の意味

さて、戒名の話をしましょう。じつのところ、戒名が、いったいどういうものなのか、よくわかっていない人が多いように思います。戒名の「戒」とは、戒律のことです。戒律を守るとお誓いした人に授《さず》けられる名前です。

葬儀の式場で、お棺のわきに、剃刀《かみそり》がおかれているのを見たことがあるのではない

でしょうか。「これは、産毛《うぶげ》を剃るためのものですか」とか、「いや、生前の煩悩《ぼんのう》を断《た》ちきるためのものでしょう」とか、いろいろ聞かれるのですが、もちろん違います。この剃刀は、ご遺体の頭に当てて、剃髪《ていはつ》の模擬《もぎ》をおこなうためのものです。

つまり、戒名を授かるということは、僧侶になるということなのです。得度《とくど》受戒ということです。私は、橋本英樹（ひでき）が本名ですが、「英樹」のまま、「えいじゅ」と読んで戒名としています。この仏教の名を師匠である父から受けました。戒名を別の言葉で表現すれば、法名です。

亡くなった人に戒名を授けることを仏教用語では、「没後作僧《もつごさそう》」と呼びます。「没したのちに僧侶とする」という意味で、死後出家をあらわしています。

曹洞宗では、導師が剃刀を両手に持って、『剃髪の偈《げ》』という、短いお経をとなえます。それが終わると、戒名を授けます。「それ新帰元《しんきげん》○○（戒名）○○信士《しんじ》、帰戒《きかい》を求めんと欲せば、まずまさに懺悔《さんげ》すべし……」と読みあげていきます。帰戒とは、仏弟子になるということです。

そのためには、懺悔の大切さを説き、さらに、仏法僧を尊重しなさい、このほかに十三の戒を守りなさい、という内容が続きます。これらを正しく実践することで、「まことにこれ諸仏《しょぶつ》の子なり」と結んで、式が終わります。

こうして故人は無事、戒名を授かり、仏弟子、僧侶となります。

もちろん、このような死後出家の考え方が、元来の仏教にはないものであることは、いうまでもありません。仏教の原理から考えてみたら、仏弟子を名のっておきながら、修行もしない、戒も守らないなどということは、ありえないわけです。ところが、当人は亡くなっています、修行しようにも、戒を守ろうにも、そんなことは不可能でしょう。

なにより本来の受戒の目的は、僧侶になることではありません。生涯にわたって戒を守り、修行に打ちこむことが、唯一の目的です。修行をやりやすいように出家するのですから、「僧侶になって人生終わり」というのは、本末転倒ではありませんか。

なぜ、そんな奇妙な死後出家のシステムが、生みだされたのでしょうか。もちろん道元禅師《どうげんぜんじ》の時代にも、のちの戦国時代にも、一般の人が当然のように死後出家して、僧侶となる習慣はありません。これは、江戸時代以降のものです。

仏教の信徒には、出家と在家《ざいけ》があります。「在家で僧侶」という存在は、いまの仏教にはありません。古くは、皆無というわけではありませんでしたが、武家や商家で、お寺に入らずに剃髪している人がいたら、それは、たいてい隠居した人だったのではなかったかと思います。隠居していなくとも、周囲には、本業からは一線を引いた存在として見られていたことでしょう。

ですから、有力武家や富裕の商家の当主として、家の看板を背負っているような人は、仏教宗派の熱心な信徒ではあっても、僧侶にはなれません。とはいっても、やはり人間ですから、死後の世界でよいあつかいを受けるためには、形だけでも仏弟子になっておきたいと考えるようになります。

そこで、死をもって、あるいは死の直前に出家するのであれば、問題ないだろうという理屈が出てくるのです。これを、江戸時代になってから、一般の人もまねるようになり、その名残《なごり》が、いまある戒名であると思われます。

いずれにしても、表向きには、亡くなった日本人は、その多くが僧侶だということです。当人や遺族の方にその自覚はないと思いますが……。もっとも、「正統」とされるプロセスを経て、生前に僧侶となった人も、大半は修行らしいことをしていませんから、死後出家された一般の方と何ら変わりはないという、いいわけが立ちます。

原理的にはおかしな話も、何百年も続けば、ひとつの文化ということになるのかもしれません。私は、これはこれでいいと思います。宗教原理と宗教文化とは、相反《そうはん》するところがありながら、混然《こんぜん》一体としているのでしょう。

戒名を授《さず》けるという特権

このように、本葬、すなわち葬儀におけるクライマックスが、戒名の授与式にあることも、意外と知られていません。

見性院の場合、通夜、葬儀、初七日、納骨式《のうこつしき》など一式で、三〇万円のお布施を受けとっておりますが、ここには、戒名授与のお布施も含まれています。戒名を授けるのは、葬儀を受けもつ僧侶、多くの場合は住職です。戒名を授ける側から見れば「授戒」、授かる側から見れば「受戒」となります（音はどちらも「ジュカイ」です）。

この授戒、僧侶であれば、誰でもできるわけではなく、ちゃんと資格があるのです。まず、「教師」という資格を所属する宗派から認められていなくてはなりません。これがあって、はじめて弟子に「戒名を授ける」ことができます。資格を持たずにやれば、「ヤミ授戒」になってしまいます。教師の資格を得るのには、一定の修行課程だけでなく、お金もいります。「義財金《ぎざいきん》」というものをおさめるのです。

義財金は、住職につくときにも、おさめなくてはなりません。お金をおさめて、宗派からお墨つきをいただいて、ようやく授戒ができます。私の場合、教師になるときに支払った義財金は忘れてしまいましたが、住職になるときに支払った義財金が三五万円でした。

これは、地方の宗務所《しゅうむしょ》があずかるのではなく、宗務庁(宗派本部)が直接持っていくお金です。つまり、表玄関で公認の「特権」を買うことになります。仏教の宗派というものは、茶道や華道の家元が、師範の資格を売る制度と変わりありません。

実際に生きて修行をするお坊さんに対して授戒するのであれば、まだわからないわけではありません。でも、亡くなった人に授ける戒名に、そのような資格が必要なのかという疑問が起こって当然でしょう。戒名を受ける側が「この人にお願いしたい」

と認めていれば、住職や教師資格者でなくてもよいのではないかと思うのですが、いかがでしょうか。資格だけあって、ふがいない住職より、若くても人間性や学識のある僧侶のほうがいいという人は多いのではないでしょうか。

それに、亡くなったあとに戒名をもらって、「そのときのお坊さんが師匠で、私はその弟子だ」なんて考える在家の人は、ほとんどいないように思われます。といいますか、すでに亡くなっているのですから、弟子も師匠もありません。

ただ、授戒という行為こそが、僧侶（教師）の立場を端的にあらわしたものであるのですから、宗派やお寺としては、これだけは死守しなくてはならないわけです。「戒名を授ける」ということが、特権の「最後の砦《とりで》」となっています。

いまの戒名制度は、「反仏教的」

その一方で、いま、「戒名なんていらない」という方が、増えているのが実情です。それは、そうです。仏式の葬儀をしておきながら、当人や遺族の方には、仏弟子になるという自覚がまったくないわけですから。

そこで、時代の要請に合わせて、「俗名可《ぞくみようか》」という新システムが、必要となってきます。見性院でも、さっそくこれを導入していますが、たいへん評判です。新しく問いあわせてこられる方のほとんどが、「そちらで、俗名可の葬儀を受けつけていると聞いたのですが」と、おっしゃいます。

俗名とは、もちろん本名のことです。「戒名を受けずに、本名で葬儀をやれますよ」というのが、「俗名可」です。見性院では、この場合、二〇万円でお受けしています。信士《しんじ》位《い》の戒名授与がつくと、三〇万円ですから、戒名がないぶん、お手ごろです。

ところで、仏教界では、長らく俗名という表現を疑問もなく用いてきました。私も、幼少より耳なじんできましたが、よくよく考えてみますと、あまりいい表現ではないように感じられます。「俗の名」ということですから、いかにも戒名や法名が「聖なる名」として、上位にあるような気がしているのです。このように、仏教というものは、差別がいっぱいです。

戒名も、おもに三段階に「階級化」されていきます。現在、戒名それじたいに差別はないのです（昔は、「差別戒名」という、とんでもない差別が存在していました）が、その前後に、格をあらわす言葉がいろいろとついて、「差別化」されるわけです。

まず、「○○信士《しんじ》（信女《しんにょ》）」や「○○居士《こじ》（大姉《だいし》）」というものがあります。この「信士」や「居士」を「位《い》」といいます。ようするに「くらい」ですね。信士より、居士のほうが上位です。しかも、女性の場合は、信女や大姉しかつけられませんから、これは、明らかな男女差別です。

つぎに、戒名の上に、「△△院○○居士」というように、「△△院」のつくものがあります。これが「号」で、院号《いんごう》ともいいます。いまはお金さえ出せば、誰でもつけられますが、かつては「良家」の出身者に限られていました。

この「院」は、もともと建物のことです。後白河法皇《ごしらかわほうおう》や鳥羽上皇《とばじょうこう》のことを後白河院、鳥羽院といいますが、これは、後白河院、鳥羽院という建物に住んでいたということです。「△△殿《どの》」の「殿」も、建物です。殿堂の殿ですね。大きな屋敷に住んでいる人ということで、建物の名が尊称となりました。つづいて、この二つをあわせた、院殿《いんでん》号が出てきます。足利尊氏《あしかがたかうじ》が、等持院殿《とうじいんどの》という諡号《しごう》（おくり名）を用いたことから、のちの大名たちがこれを戒名として用いるようになります。

居士は、中国の知識階級を呼んだものでした。そこから、在家の熱心な仏教徒をさすようになります。仏教にかかわる人物では、文殊《もんじゅ》菩薩と問答をした、維摩《ゆいま》居士が知られています。現代的な解釈としては、「立派な人」ということでしょう。日本でも親しまれた言葉で、一言《いちげん》居士といえば、うるさ型の意味になりますね。

信士は、優婆塞《うばそく》のことで、やはり在家の仏教徒です。

いまは院殿を用いる人もいませんので、残りを上位から並べると、院―居士（大姉）―信士（信女）―俗名となります。ところが、お話ししたとおり、院、居士、信士は、もとはたがいに無縁の言葉で、優劣の関係もありません。これにわざわざ優劣をつけているわけですから、仏教的な価値観からは遠くかけ離れたものです。

さらに、居士を大居士としたり、信士を清《せい》信士としたりすれば、ワンランクアップします。江戸時代は、庶民が居士位や信士位を受けることはできず、「○○善男《ぜんなん》（善女）」というのが多かったようです。いまは、用いられていません。こんなふうに、細かく階級化されていましたが、いまもその一部が残っているのです。

現在、見性院では、信士（信女）位を受けられる方が、全体の約七割です。

この格によって、お葬式のお布施の額も違ってきます。見性院では、信士（信女）位の戒名授与の場合、通夜、葬儀、初七日など一式で、三〇万円からです。戒名授与のない、俗名の場合は、二〇万円からです。これが、居士（大姉）位の場合は四〇万円から、院号の場合は五〇万円からとなります。

たいした差でもないではないかと思われる方がおられるかもしれませんが、ほんの数年前までは、信士（信女）位が五〇万円、居士（大姉）位が七〇万円、院号が一〇〇万円だったのです。このように聞くと、さすがに高いなと思われるでしょう。そう思って下げたわけです。近隣では、いまも、院号一〇〇万円が「相場」です。

なぜ戒名の差別は、なくならないのか

では、いっそ信士も居士も院号も、一括《いっかつ》三〇万円にすればいいじゃないかと思われるかもしれません。あるいは、すべて信士か院号か、ひとつに統一してしまってはどうかと思われるかもしれません。まったくそのとおりで、いずれは、一律にしたいと考えています。しかし、こんな夢のようなアイデアをすぐには実現できないのが、心

苦しいところです。

理由は、いくつかあります。じつはこのことが、そのまま現在の仏教界がかかえる問題を象徴してもいるのです。

ひとつ目の理由ですが、戒名授与料が、お寺の経営を支えているという現実です。院号授与で、一〇〇万円の布施があって、その葬儀が年間に一〇件もあると、お寺の経営は大助かりです。

さらに、葬儀だけでなく、その後におこなわれる法事の布施の額も、信士、居士、院号の格に連動しているのです。具体的には、新盆の供養のお布施が、信士位では三万円であるのが、院号ですと五万円です。ほかのお寺では、これがもっと大きな差になるようです。

戒名とは、たった数文字の言葉が大きな収入を生みだすものですから、まさに「打《う》ち出《で》の小槌《こづち》」なのです。いったんこれを手にすると、なかなか手放せません。

小槌を手放せないのは、もちろん強欲だからなのですが、それがないと、お寺の経営が立ちいかなくなるからだともいえます。ほかの収入がほとんどないからです。見性院の場合は、墓地経営の収入があるので、戒名授与料に頼らなくても運営していけます。ただし、もっと自由にやるには、さらなる収入源が必要です。

もっともこうなったのは、お寺や住職だけが悪いわけではありません。かつてのお寺には、檀家や縁故者の方から、ことあるごとに寄進やお布施がおこなわれていました。このような随意《ずいい》の収入が、お寺の経営を支えていたわけです。ところが、いまはよほどのことがないかぎり、そのようなチャンスはありません。

見性院では、「自由なお布施」という建前をいったん横において、三〇万円というように「定額」の提示をしています。「なんと現金な。これでは、ほかの商売と同じじゃないか」と思われるかもしれません。おっしゃるとおりです。ただし、いまの日本は、宗教への喜捨《きしや》というものに対する意識がまったく希薄ですから、いったん定額にしないと、かえって混乱してしまうのです。

かつての日本では、お金持ちには、「持てる人の徳」というものが明白にありました。「財産を持てる者は、おおいに手放すべき」という徳です。お金持ちが、たんまりと抱えこんでいるのは、たいへんな不心得《ふこころえ》とされていました。ところが、いままでは、持てる人が出し渋《しぶ》り、むしろ多くを持たない人がたくさん支払うという逆転現象が起こってしまうのです。これは、絶対にあってはならないことです。

本来のお布施というものは、財産を持たない人からは、受けとるべきではありませんから、一律三〇万円と決めてしまうのは、たいへん心苦しいことです。しかし、あるていどの基準を設けておかないと、最低限の収入を守れません。

格安航空券というものがあります。いまや、ソウル往復で数千円、ニューヨーク往復で三万円など、驚くべき価格破壊が進んでいます。航空会社そのものが格安という場合もあれば、通常料金はそれなりの額なのに、日時などによって格安になる場合があります。空席で飛ばすよりかは、往復三万円のお客でも乗せたほうが利益になるという考えです。

この場合、ビジネスクラスやファーストクラスには、数十万円の料金を払って乗っている人がいます。エコノミークラスを十数万円の正規料金で乗っている人もいます。すべてが三万円のお客だけであれば、飛行機は出せません。つまり、お金持ちの大名旅行がなければ、学生の貧乏旅行も成立しないのです。

これと同じことが、お布施にもいえるのではないかと思います。持てる人から多くを受けとれば、それを元手にして、むしろ貧しい人へ奉仕することができます。宗教の共益的な意義のひとつは、こういった「富の再分配」だと思うのですが、いまの仏教では、それができていません。もっとも、「葬式仏教」をあずかっている住職たちの力不足だともいえますが……。

信士家《け》と院号家

もうひとつの理由は、檀家の制度の呪縛《じゅばく》です。日本のお寺は、長らく檀家によって支えられてきました。戒名の差別性も、そのなかで温存されてきました。

都会の人には信じられないかもしれませんが、いくつもある檀家のなかでは、「この家の戒名は居士位、あの家の戒名は院号」というように決まっていることが多いのです。こうした家の格が歴史的に固定化され、いまなお、信士家《け》、居士家、院号家といった隠語で呼んでいます。

そうしますと、「院号家から、信士位や居士位は出せない」、これとは逆に、「よほどの社会的成功でもないかぎり、信士家から院号の戒名は受けづらい」ということが起こってくるわけです。とくに、院号家からそれ以外の戒名を出すことは、屈辱的なものとなります。

「そのとき持てる人が出す、持たざる人は出さない」ということではなくて、お布施の多寡《たか》によって家格《かかく》を決めよう、家柄による差別を固定化しようとするわけです。逆転の発想ですね。とても奇妙な因習《いんしゅう》ですが、田舎では、それが自然なことです。

お布施を受ける側としては、「信士よりも居士、居士よりも院号」と、高めに希望していただいたほうがありがたいわけですから、そのように助言すると、しだいに上がり目にはなっていきます。そして地域によっては、見栄《みえ》が美徳となります。ある中部の県では、院号家がいちばん多いそうです。

その一方で、子が親よりも早く亡くなったりしますと、「不肖《ふしょう》であるから、戒名は信士で」ということが、まかりとおります。このような差別が根強くあります。仏教の最大のテーマは、平等です。戒名のあまりにも差別的な現況には、私も悩みつづけてきました。

当初、戒名授与料を圧縮する提案をしたときも、一部の役員から猛反対を受けました。その後、何度も話しあいを重ねて、ようやく認めていただきましたが、家格にこだわってきた檀家は、そのことに強いプライドを持っています。院号家や居士家の人たちには、率先してお寺を支えてきたのだという自負があります。「いままで、それだけのお布施を出したのに、すべて反故《ほご》になるのか」と考えるのは、当然のことでしょう。これを若輩の住職が説得するのは、簡単なことではありませんでした。

この差別的な「集金システム」は、檀家と住職とが協力して堅持《けんじ》しているともいえるのです。

お葬式の簡略化に、歯止めがかからない

ところが、都会の人たち、新しい家の人たちが、そのような因習を知れば、「いつの時代の話か」と思われることでしょう。

若い人たちのあいだでは、かりに戒名を受けるにしても、「信士で十分」という声が強くなっています。居士とか、院とか、「大げさでカッコ悪い」ということなのでしょう。こうした傾向は、昔からなかったわけではなくて、「居士は誇示、院号は因《いん》業《ごう》」といった軽口があるくらいです。

見性院では、近い将来に、信士位、居士位、院号を同じお布施で自由に選べるようにしようと考えていますが、これからは、「それでも信士がいい」という人が出てくるわけです。もっとも「戒名なし」(俗名可)も普及しつつあります。

住職たちは、この状況を十分に認識する必要があります。あなた方が後生《ごしょう》大事に握っている古い小槌は、そのうち振っても何も生みださなくなるでしょう。そろそろ自前の小槌を新調《しんちょう》する時期に来ているのではないでしょうか。

住職たちの楽観的観測もむなしく、葬祭の簡略化に歯止めがかかりません。

まず、葬祭の時間がどんどん短縮されてきています。私は、お経もひととおり上げて、四〇分ほどかけていますが、これでも短くしています。参列している方たちが、長時間の儀式に耐えられないからです。「お坊さんは、さっさとお引きとり願いたい」という空気が強くなってきました。「法話《ほうわ》もいりません」ということで、早い人は、一五分くらいで切りあげるそうです。

「短いほうが楽でいい」などと思っていたら、坊主は自分で自分たちの首をしめることになるでしょう。簡略化の風潮に対抗するには、個々の僧侶が、技量を上げていくしかないわけです。僧侶の知識や技量で、聞く人を魅了することを「法力《ほうりき》」といいます。細々とした読経、つまらない法話では、需要がなくなっていって当然です。そのうち、「お葬式にお坊さんがいない」のが普通になるのではないでしょうか。

それから、葬祭そのものが、省略されるようになっています。かつては一般的だった一周忌や三回忌をやる家は、少なくなりました。

四十九日忌の法要は、生と死のあいだにいた故人が、いよいよあの世に旅立つ日を祈る儀式ですが、これも減ってきています。いままでは、四十九日といっても、香典返しをするタイミングくらいに考えている方が多いのではないかと思います。

初七日にいたっては、本葬のあと、「つけたし」のようにしておこなわれるのが、一般的です。わざわざ一週間後に集まっていただくのも、面倒だということでしょう。本当は、二七日《ふたなのか》、三七日《みなのか》と続いて、七七日《なななのか》が四十九日に当たるわけですが、こういったことも忘れ去られようとしています。

このような簡略化の波は、ついに葬儀本体に達しようとしています。子供に向かって、「葬式なんか、やらなくてもいいよ」という親が増えています。子供たちに負担をかけたくない親心かもしれません。自分の葬式費用を生前に用意しておく親も増えています。そのための保険もあります。

かつて、家柄意識の強い田舎、見栄を重んじる地域では、お寺の組合意識も強くなっていきました。葬儀費用というものは、相続税の課税対象から控除されます。ですから、それなりにお金のある家では、豪勢な式を挙《あ》げていました。通常、お葬式には、三人の僧侶（導師をつとめる菩提寺の住職のほかに、二人の脇《わき》導師）を呼ぶところ、こういったところでは、五人呼んでいました。

菩提寺の住職が、檀家に向かって、「となりのお寺さんとのつきあいがあるので、申しわけないけど、あと二人呼んでやってもらえませんか。五万ずつでいいから」みたいなことを頼むわけです。これを近隣寺院どうし、おたがいにやって、もたれあって収入を上げていたのです。

それが最近では、「住職だけで十分ですよ。カンベンしてください」と返されることが多いようです。

また、あいだに入った葬祭業者が、「お坊さんの数を減らして、仕出しのグレードを上げましょう。お花を立派にしましょう」と助言することも多いようです。いずれにせよ、全体の葬儀にかかる費用は、激減しています。

日本消費者協会という団体が発表した、第十回「葬儀についてのアンケート調査」という報告書があります。これによりますと、平成十五年には、二三六万六〇〇〇円あった葬儀費用が、平成二十六年には一八八万九〇〇〇円になっています。なんと五〇万円近くも減っているのです。

とくに豪勢な葬儀が一般的だった中部地域では、三七八万九〇〇〇円から二一五万八〇〇〇円と、一六三万一〇〇〇円も減っています。減額分が、なんと北海道の葬儀費用と同額です。また、東京・埼玉・神奈川の首都三県でも、三一三万円が一二八万七〇〇〇円減って、一八四万三〇〇〇円になっています。

たった一〇年と少しで、隔世《かくせい》の感があります。ところが、バブル時代は、こんなものではありませんでした。葬儀を機会にして、札束が飛びかっていたわけです。首都圏のお寺や葬祭業者はそれこそ、お金がダブついて、たいへんなことになっていたのではないでしょうか。いま、その反動が起こっているのだと思います。

その人らしい送られ方

もっとも簡略化されたお葬式が、「火葬式《かそうしき》」です。「火葬炉前《ろぜん》供養」ともいわれます。文字どおり、火葬場に僧侶が出向き、炉の前でお経を上げて送りだします。

通常は、その前に、セレモニーホールや斎場などで通夜や葬儀をもよおしますが、それの部分が省略されて、格安になっています。見性院の場合、「戒名なし」の火葬式であれば、車代こみで五万円です。遺族や縁故者の方の立ち会いも自由ですから、これで何か大きな不自由があるというわけではありません。

もしかすると、読者のなかにも、「そんないい方法があるのか！　私もそれにしよう」と思われた方が、おられるのではないでしょうか。それこそがまさに、いまのご時世、時代の変化のあらわれなのです。

火葬式といえば、少し前までは、一般の人には縁のないものでした。身寄りのまったくない方が亡くなったとき、役場の人などが、その方のわずかな財産を処分して、最低限の式としておこなわれるものでした。いってしまえば、あまり世間体《せけんてい》のよいものではありませんでした。ところがいまは、はじめからこれを望まれる方が、皆無ではありません。時代は変わっているのです。

さらに、ここ数年は、心の底から「葬式なんか、いらない」と考える人が、増えてきています。ここまで来ると、もはや親心や節約だけを理由にはできません。軽やかに、わが人生を終わりたいということかもしれません。弔問客《ちょうもん》のお世話が面倒だという人もいるでしょう。あるいは、いまの「葬式仏教」のイメージを嫌悪《けんお》しているのでしょうか。

どんなふうにあの世へ送られるかを選ぶのは、その人の自由です。世間体よりも、その人らしい生き方が優先される世のなかになりました。

お釈迦さまは、弟子たちに向かって、「私が死んでも、葬式はするな」とおっしゃいました。そんな時間や費用の余裕があるのなら、自己の修行や他者の救済に用いるようにという教えです。

同じことが、現代の私たちにもいえます。「葬式はいらないから、そのぶん慈善事業に寄付してくれ」という奇特《きとく》な方がいらっしゃったら、いまなお強欲な住職たちは、返す言葉もありません。仏教関係者にとって、よき試練の時代になりました。

安い墓地は、けっして安くない

葬祭部門だけでなく、もうひとつの墓地部門でも、やはり大きな変化が起こっています。とはいっても、いまだに多くの人が、お葬式をおこない、ご遺骨を墓地におさめています。

ところが、これを経済の視点から考えるとき、葬祭と墓地とをまったく同等に比較することはできません。葬儀や法事にかかる費用はどんどん減らしていくことができますが、墓地にかかる費用をおさえるには限度があります。墓地を手に入れるには、一定の費用がかかるからです。

また、その上におく墓石やさまざまな付属品を購入しなくてはなりませんし、墓地を維持するかぎり、毎年、一定の管理費用を求められます。年間五〇〇〇円の管理料でも、六〇年間おさめれば、三〇万円になります。

まず、墓地本体から見ていきましょう、どんな山奥にある墓地でも、たとえ地代がほとんどかからないような場所でも、墓地として提供するには、それなりの費用がかかります。つまり、土地や区画の造成をしなくてはなりません。

見性院の熊谷霊園では、二〇〇〇平方メートル弱の駐車場を四三〇区画の墓地に造成します。造成にかかる費用は、約三〇〇〇万円です。うち三分の一は、借金になります。ざっと一区画あたり平均して七万円の造成費用がかかります。

たとえ山奥にある二束三文の土地であっても、造成の費用は必要です。山を崩したり、ならしたりしますと、もっとかかります。この費用が、墓地の永代使用料に乗ってくるのです。

ちなみに、お寺は借金をしやすいだろうと誤解されていますが、現実はその逆です。田舎寺の土地は担保になりません。都心の一等地なら引く手あまたですが、地方は土地あまりのうえ、元寺院だということになれば買い手もつかないのです。

結局は、預貯金や業績を見てもらい、評価を受けることになります。それができなければ、お寺の役員の方に保証人になってもらうしかありません。あとは、個人名義の土地を担保にするかです。

さらに墓地には、法律で決められたとおり、管理者をおく費用がかかります。売ったあと、放《ほ》ったらかしにはできないのです。葬祭のように、その日かぎりというのとは異なります。

ただし、寺院経営の墓地の場合、管理者は住職などが兼任できますから、そのための費用はかかりません。それでも、管理料がない代わりに、「護持会費《ごじかいひ》」などという名目の年間費用を請求しているお寺が一般的です。しかも、公営の霊園よりも高く設定されていることが多く、平均が年間一万円といわれています。これが安定した収入源になっています。

見性院では、見性院墓地、熊谷霊園ともに、こういった管理料や護持会費のたぐいを廃止しました。経営的には、たいへんな痛手ではありますが、やはりお寺がこういった対価を求めるのは、どこかおかしいと考えたためです。

さて、少し前に、東京都心の青山《あおやま》霊園に「空《あ》き」が出たというので、何区画か「再分譲《ぶんじょう》」されたことがありました。その使用料は、たしか六〇〇〇万円以上していたように記憶しています。私には手も足も出ませんが、それでも、買い手は複数あらわれたといいますから、世間にお金持ちはいるものです。

ただ、都心の一等地に墓地があれば、忙しくて、何年もお参りにいっていないということもなくなります。その一方で、家や職場から遠く離れたところに墓地があれば、たいへんです。それこそ「帰省のついで」というのでもなければ、お墓参りはたいへんな負担になるでしょう。お金さえあれば、都心に高い対価をはらって墓地を求めるメリットは、それなりにあるわけです。

一般の方は、仕方なく郊外につくられた墓地から探すことになりますが、美しくつくられたパンフレットに、「永代使用料二〇万円から」とあるのを見て、「これは安い」と飛びついたとしましょう。

これには大きな落とし穴があります。都会に住む方の価値基準は、どうしても都心近くにある墓地のそれになりがちです。たとえば青山霊園と、山奥にある墓地の価格を単純に比較することはできませんが、見方によっては、六〇〇〇万円でも「安い」

ということはありますし、二〇万円でも「高い」のです。

それぞれの近隣にある住宅の市場価格を比較すれば、一目瞭然《いちもくりようぜん》です。青山で売りだされる住宅で、一億円以下のものはありません。マンションの一室でさえ、一億円以上の物件がザラにあります。

山奥の墓地の近くにある住宅ではどうでしょうか。おそらく立派な家屋や畑、周囲の林などがついて、一〇〇〇万円以上する物件は少ないでしょう。せいぜい二、三百万円というのが一般的ですが、それでも、買い手はつかないのが現状です。土地だけの価値を見れば、二束三文です。

田舎の物件は、それが住宅であれ、墓地であれ、山林や田畑であれ、相場というものはないと考えたほうがよいように思われます。そもそも需要がないからです。

これをタダ同然の価格で手に入れ、整地して、平均二〇万円の墓地を五〇〇区画つくれば、一億円の売上になります。ここから造成費を差し引いても、利益が残ります。実際にはもっと高い値をつけていますから、これだけ見ると、たいへんうま味のある商売だということになります。

たとえ、墓地の周辺だけが美しく整備されていて、見晴らしがよくとも、そこに行くまでにどれほどの時間を要するかも計算に入れなくてはなりません。また、年間管理料もかかりますから、墓地の場合、「買っておしまい」というわけにはいかないことを、よくお考えください。

墓地経営という特権

こんなにもうかる墓地ビジネスなのですから、新規企業がどんどん参入してもよさそうなものです。ところが、そうはなっていません。なぜなら墓地は、行政と特別に認可された非営利法人しか運営できないためです。

それを規定しているのが、『墓地・埋葬《まいそう》等に関する法律』（略して「墓埋法《ぼまいほう》」）で、昭和二十三年にできた法律がいまも有効です。その第四条には、つぎのように記されています。

埋葬又は焼骨《しょうこつ》の埋蔵は、墓地以外の区域に、これを行《おこな》ってはならない。

たとえば、ご家族が亡くなって、故人や遺族が「遺骨を自宅の庭に埋めたい」と希望したとしましょう。こういった思いを持たれることは十分に考えられます。しかし、それが法的に認められることはありません。

また、「郷里の海や川に流してほしい」というのもそうですね。いわゆる「自然葬」です。いまはこれをやっておられる人がいて、黙認されているようです。ご遺骨を微細にくだいて遺灰にすれば問題はない、という見方があると聞きました。とはいえ、実際に散骨《さんこつ》がおこなわれている地域の住民から苦情が上がっていないはずはありません。いまのところ法的な判断は避けられているようですが、厳密にいうと、「墓埋法第四条違反」なのではないかと思います。

いずれにしましても、ご遺骨一体分というのは、けっこうな量になります。その全部を自然に返すことが国民の通例になったら、人気の場所はたいへんなことになるでしょう。散骨を認めるにせよ、ごく一部にするなどの規制は必要でしょう。

なぜ、「墓埋法」は、ご遺骨を自宅や自然のなかに埋葬してはいけないと、定めているのでしょうか。法律ができたのは、戦後まもなくですから、あやしい業者が出てきて、埋葬のトラブルが予測されたのではないかと思います。

また、火葬で焼骨するのは元来、仏式《ぶつしき》です。戦前の田舎では、神式《しんしき》の埋葬が一般的でした。いわゆる土葬《どそう》です。土葬はご遺体そのままの埋葬ですから、衛生面から、そこかしこに埋めてもよいというわけにはいきませんでした。このため、「墓埋法」がいうところの「墓地」が必要となります。

田舎に行くと、いまでも田畑や線路の脇などに、小規模の墓地を見かけますね。あれは、「墓埋法」ができる以前からあるために、法律の例外として認められています。ですから、この墓地の区画を広げることはできません。

ここで、よくよく考えてみますと、いまの埋葬は、大部分が火葬後のご遺骨です。イメージの問題はあるかもしれませんが、衛生上の問題は何もありません。また、先祖代々そこに住んでいるという住宅の敷地内であれば、そこに埋葬して誰の迷惑にもならないでしょう。

にもかかわらず、「墓埋法」の条文は、施行された当時のままです。すくなくとも、いくつかの例外を設けて、もっと自由な埋葬を認めてもよいように思われますが、そうはなっていません。

埋葬の自由を認めることで、悪徳な業者が参入するのを防ぐためということにせよ、では、いま墓地を運営している法人に、悪徳な者はまったくいないとでもいうのでしょうか。

「墓埋法」の第十条には、つぎのように記されています。

墓地、納骨堂又は火葬場を経営しようとする者は、都道府県知事の許可を受けなければならない。

つまり、墓地経営は認可事業です。「墓埋法」が自由な新規参入を制限していることで、お寺をふくめた、墓地経営にかかわる人たちの権利が維持されています。しかも、墓地経営で得た収入は非課税、固定資産税もかかりませんから、これが特権となっていることで、問題が起こっています。

墓地を運営している法人は、大きく三つに分類することができます。

ひとつは、県や市町村など行政が運営する公営墓地です。

この場合、墓地ではなく、「霊園」と称する場合が多いようです。公園墓地ともいいます。墓地と霊園の違いははっきりしていませんが、ひとつの宗教や宗派にかたよらないという意味で、霊園の表現をこのんで用いているようです。たしかに、「父が曹洞宗で、母がクリスチャン、私は無宗教」という場合でも、「宗教を問わない霊園」であれば、家族全員がひとつの墓地に入ることができます。

熊谷霊園も、見性院という曹洞宗寺院が運営しますが、あえて霊園を名のることで、あらゆる宗教や宗派、無宗教の人たちに自由に利用していただきたいという考えがあります。

つぎに、公益法人が運営する墓地があります。公益法人には、公益財団法人と公益社団法人がありますが、ともに認定されるには、たいへんな手続きが必要です。こういった墓地も、霊園やメモリアルパークを名のるところが多いようです。

「○○寺墓地」にご用心

最後に、お寺がかかわる墓地です。「A寺墓地」とあるのがそうですが、これには注意が必要です。信じられないかもしれませんが、「A寺墓地」と名のっていても、その「A寺」が運営しているとはかぎらないということです。

一般の人が墓地運営を真正面からおこなうには、さまざまな基準をクリアしなくてはなりません。その動機に公益性があるかどうかが厳しく問われます。

では、利益至上主義で、てっとり早く墓地を運営したいときには、どうすればよいかといえば、ここにも法律の抜け穴があります。すでにある宗教法人のなかに潜《もぐ》りこめばよいのです。

運営業者は、お寺の名義を借ります。お寺から管理と運営を委託されたという形をとるわけです。お寺にしてみれば、名義を貸すだけで、みずから造成や宣伝などの費用を負担する必要がありません。さらに名義貸しのお礼が転《ころ》がりこみます。その先、墓地管理の護持会費は入りますし、法事の話もいただけるかもしれません。

一見すれば、よいことだらけのように感じられます。ちょっとくらい「ウマすぎる話」であっても、財政難であれば飛びついてしまうのが、墓地の名義貸し話です。

ところが、これが悪徳業者であれば、お金だけ集めてトンズラするといった事態が起こりえます。この場合、いったい誰が責任をとるのでしょうか。墓地使用料を前納した人たちが、「A寺墓地とあるから、買ったのだ。寺が責任をとれ」と訴えるでしょう。A寺住職は、「名義を貸しただけなので、よく知らない」と責任逃れをしようとします。

こうして裁判にいたることがありますが、もちろんお寺が勝つことはありません。しかし、日本の裁判は、時間がかかります。時間が立つうちに、当の住職が亡くなったり、お寺が破産したりして、泣き寝入り同然になってしまうこともありえるのです。そのあいだ、ご遺骨を放ったらかしにしておくわけにはいきません。寺院墓地を名のっているから安心というわけではありませんから、十分に注意してください。

もっとも、お寺の名義貸しのような重要な行為には、責任役員たちの同意が必要です。ところが、こういった事業の経営や法律については、年配の役員さんは詳しくない方が多いようです。結局は、「住職、あとはよろしく」となりがちです。こういった問題は、あとを絶ちません。

墓地よりも、墓石を売るのが目的

墓地経営の収入は、墓地を売って得る収入だけではありません。管理料も大きいですが、もっとも大きいのが、墓石の売上です。

墓石を売っているのは、いわゆる石材業者ですが、民間で墓地や霊園を運営している法人、あるいは、お寺の名義を借りて運営している業者の母体に、石材業者が多いのも事実です。

なぜなら、彼らの目的は、墓地を売ることではなく、「ついでに墓石を売る」ところにあるからです。いえ、その「ついで」のほうが、重要です。墓石を売るために、墓地を売っています。自分のところで墓石を買ってくれれば、墓地がいくら安くても商売になります。墓地はタダ同然にしておいて、それで人を集め、「そのかわりに、ウチで墓石を買ってください」という商売が成りたちます。それくらい、墓石販売はもうかるのです。

それでも、石材業者が永久的に責任をもって運営してくれればよいのですが、彼らにしてみれば、墓石をひととおり売ってしまった時点で、もう商売の展開は見こめないわけです。まさか、「墓石の追加」や「墓石の買いかえ」なんて話も出てきません。

すると、お寺に運営の権利をさっと渡してしまいます。マンション建設業者が、「分譲したら終わり、あとは管理会社や不動産リース会社にバトンタッチ」というのと、たいへんよく似ています。

お寺にしてみれば、大喜びでしょう。墓地が自分のものになって、心おきなく護持会費を徴収できますし、法事や寄進のお願いもしやすくなるからです。ところが、こういうお寺には、墓地経営のノウハウがありません。何か問題が起こると、まったく対処できないのです。

ですから、寺院墓地を契約する際には、運営のバックボーンがどうなっているのか、よく調査してからにすることが大切です。墓地そのものは安価でも、そのほかにいろいろ費用がかかってきます。また、いったん埋葬してしまいますと、変更もしにくいものですから、なおさら注意が必要です。

およそ商品には、原価があります。もっとも定価のほとんどが原価ということであったら、商売にはなりません。それにしても、墓石の原価率は驚くほど低く、一五〇万～二〇〇万円の墓石でも、問屋価格が三〇万円ほどです。原価はもっと低いでしょう。墓石の価格は、それこそピンからキリまでなのですが、よほど高級な石材を用いなければ、原価はそれほど変わりません。

そして、口利きがすべての世界ですから、バックマージンが発生します。お寺が経営する墓地の場合、特定の墓石業者を斡旋《あっせん》することで、じつはお寺が「お水代《みずだい》」という名目でバックマージンを受けとっているのです。これは、一割くらいが平均的で、高いお寺は二割以上要求してきます。

さらに、バックマージンですから、墓石の料金のなかにふくまれているものと思いきや、「建墓《けんぼ》手数料」などという名目で外づけになっていたり、「別途《べっと》、志納金《しのうきん》をお寺に入れてください」といわれたりすることもあります。

これとはべつに、墓地の基礎工事代があります。墓地を整備し、墓石がおさまるための土台をつくっておかなくてはなりません。そのための費用が墓地の代金にふくまれていないこともあります。ただし、墓石業者指定のあるような墓地では、こういった基礎工事がすでにおこなわれていると考えるのが普通でしょう。ところが、この場合でも別途にされている場合があるので、これまた注意を要します。

このように、何も知らないと、どんどん支払いがふくれあがっていくのが、墓石の世界です。何か変だと思ったら、いろいろ聞いてみることです。葬儀の場合と同じで、「このお客さん、ひと筋縄《すじなわ》ではいかないな」と相手に思わせれば、値段は下がっていきます。

見性院でも、以前に石材業者の斡旋をしていたことがありました。このとき、この業者が、墓地の契約もあわせてとってくるとのことでした。「墓地と墓石こみで、二〇〇万円くらいでいかがでしょう」といわれるので、「少し高いんじゃないですか」と、正直に答えました。すると、業者の方は、「大丈夫、大丈夫、私たちに任せてください」といって、まもなく二〇件も成約をとってきました。

最初はただただ、その営業力に驚かされたのですが、まもなくこの石材業者は、いくらの利益を上げたのだろうと考えるようになりました。お寺の者としては、「売れたから、大丈夫」というわけにはいきません。過剰な利益を生むビジネスに加担《かたん》するわけにはいきませんでした。

二〇〇万円のうち、約二〇万円が墓地の分です。ほかに、三万円のお水代を受けとっていました。基礎工事代は、このお水代のなかから、見性院が負担していました。ですから、その残りすべてが、墓石の代金です。「お寺で墓石も売れば、もっと安くできる」と考えるようになりました。

石材業者との関係を見なおし、墓石販売も自前でやることにしました。いまは茨城県にある問屋から直接、買いつけをしています。墓石のデザインは、ここの方が善意でおこなってくれています。

その結果、地域相場の三分の二の価格で販売できるようになりました。お寺が販売しているので、当然ながら、お寺へのマージンもありません。もっと安くできますが、この墓石販売によって経営が救われていることも事実です。ですが、見性院運営の墓地に入られるからといって、お寺からの墓石購入を義務づけてはおりません。

この墓石販売によって、見性院の経営にもメドが立ってきました。ほかのお寺がやっているような、檀家からの寄進をやめ、墓地の管理料をゼロにしても、やっていけるのは、墓石販売による収入も大きいでしょう。

当然ながら、この墓石販売で得た収入からは、きちんと納税しています。墓地は非課税ですが、墓石販売は、法人事業税の課税対象です。

永代《えいたい》使用料と永代供養料、何が違う？

墓地の話に戻しましょう。墓地を入手するとき、みなさんはどういった表現をしますか。奇妙な質問だと思われるかもしれません。普通に、「買う」や「購入する」と表現しているのではないでしょうか。

また、「分譲《ぶんじょう》」などといった言葉もよく用いられます。これが慣例となっていますから、見性院でも、墓地分譲と表現していますが、実際は、分譲ではないのです。分譲といわれると、マンションの分譲などと同様、いかにも所有権が自分に移るような印象を与えます。ところが、墓地の所有権は、その運営者から移っていません。

墓地の「永代《えいたい》使用料」は、「永久的に使用できる権利に支払う料金」であることをあらわしています。つまり墓地は、賃貸物件です。

所有権を買ったと思いこんでいた方は、「借りているだけで数十万円なんて高すぎる」と、お感じになったのではないでしょうか。おっしゃるとおり、二束三文の土地を借りるだけで数十万円は、高すぎます。

それに、賃貸ですから、契約関係が切れた時点で、返還しなくてはなりません。「永代」(永久的)をうたっていますが、それは条件付きです。墓地を使用するには、一般的には毎年、管理料や護持会費をおさめつづけなければなりません。ですから、これが支払われなくなれば、運営者は墓地の返還を求めることができます。多くの場合、墓石やご遺骨は強制的に撤去されます。

しかも、最初に渡した永代使用料は戻ってきません。返還させられた墓地は、つぎの人に賃貸されます。これほど無情な業界は、ほかにないでしょう。

見性院は、管理料や護持会費の徴収をやめました。これはどういうことかといいますと、「条件なしの永代使用」であるということです。公営でも、こんなところはありません。たいへん画期的な制度だと自負しています。

永代使用料とよく似た言葉に、「永代供養料」があります。この二つの言葉は、まったく異なる意味に用いられているのですが、意外と知られていません。

永代使用料は墓地の使用にかかる料金で、永代供養料は永代供養墓の使用にかかる料金です。永代供養墓というのは、かつての納骨堂です。これをお墓のようにつくったり、あるいは、建物をお墓に見立ててそう名づけたりしているのが、近年の大きなトレンドです。つまり、従来の墓地と墓石に代わって、こういった施設が主流になってきました。流行している理由は、墓地と墓石を揃えるより安価だからです。

見性院では、これを永代供養合同墓と呼んでいます。山門の手前、参道の左手に建てられています。外観は石造の塔ですが、この下が納骨スペースになっています。ここに一三〇のご遺骨を収容できます。

さらに、その下は、二メートルくらい掘られており、散骨スペースがつくられています。専門的には、カロートというものです。こちらは、ほかの方のご遺骨といっしょ、いわゆる合祀《ごうし》になります。このスペースへの散骨でしたら、三万円でお受けしています。

納骨の場合は、ご遺骨を個別に管理できますから、従来の納骨堂と同じものです。年間一万円の供養料をお願いしています。一〇年でしたら、一〇万円、三三年でしたら、三三万円です。契約の期間を過ぎれば、カロートに散骨されます。

この合同墓の建設費用は、自前設計のため、約五〇〇万円でした。それで、納骨スペースだけで、年間一三〇万円の収入を上げることができます。これに法事や戒名授与、お盆供養のお布施がともなう場合も多くありますから、ありがたいことに有望な収入源になっています。

墓地を造営する土地のない、都市部のお寺では、この永代供養墓に力を入れるところが増えています。ただし、初年度だけで、一〇万円以上の料金を求められるのが一般的で、なかには、数体のご遺骨の収納まで可能としたうえで、一〇〇万円近くおさめるように求めているところもあります。それでも、墓石を購入するよりかは安上がりですが、適切な料金であるのかを十分に検討する必要があるでしょう。

もちろん、この永代供養料も賃貸使用料ですが、なぜ、「供養」の文字があったりなかったりするのでしょうか。話は簡単です。永代供養墓におさめられたご遺骨は、毎日お寺の住職や僧侶が供養していますが、墓地に入ったご遺骨は、お寺では供養していないのです。

墓地を供養するのは、あくまでもその区画を使用している遺族の方です。お寺はまったくノータッチです。供養していません。もちろん清掃もしません。何年も放っておかれると、草ボーボーになります。公営墓地でもそうですから、何のための管理費かということでしょう。でも、そういうことになっているのです。

ですから、供養をする自信のない人は、永代供養墓を選ぶのです。

イメージ先行の樹木葬

そんななか、「樹木葬」という、新たな業態が登場しました。

文字どおり、樹木の下に遺骨を埋葬して、供養をおこなうものです。いかにも「自然に返る」かのようなイメージを与え、軽やかな人生の終わりを表現しているようですが、もっとも「イメージ先行」であることはいなめません。前に話した「自然葬」とは、似て非なるものです。

樹木葬は、ただ墓石の代わりに樹木をおいただけで、本質は墓地と同じです。したがって、樹木葬ができるのは、墓地としての許可を受けている場所に限られます。通常は、ご遺骨一体について土地が与えられ、それぞれに一本ずつ植樹されているようです。これは、一般墓地の墓石が木に代わった形にほかならないわけです。また、一本の木の根もとに穴を掘って、そこに複数のご遺骨を入れる場合も少なくありません。これですと、カロート（散骨スペース）への合祀と何ら変わりがありません。

墓石の購入がないだけ安くはなりますが、それでも、一般墓地の使用料にくらべて割高に思われるところがあります。イメージに影響されず、ご自身の目で見きわめていただきたいと思います。

先祖供養をしないと、祟《たた》る？

ここで根本に戻って、なぜ葬祭をするのかを考えてみましょう。

よく、「先祖供養をしっかりやらないと、祟《たた》りますよ」、「家運が衰《おとろ》えますよ」という人がいますが、それはたいへんな間違いです。子孫に祟る先祖が、いったいどこにあるでしょうか。

こういうまやかしをいって、自分のところで供養をさせようとするものは、仏教であれ、それ以外の宗教であれ、邪教と見てよいでしょう。話半分に聞いておいて、すぐに関係を断《た》つべきです。

人生には、さまざまな苦難がふりかかってきますが、これは、怨霊か何かに祟られているからではありません。人生は、お釈迦さまのいうとおり、それじたいが「苦」です。日々のなかで、誹謗中傷《ひぼうちゅうしょう》されるのも、災難にあうのも、それはすべて人生が苦であるからです。

なぜ、人生が苦になるのかといえば、知らないうちに、さまざまな罪をおかしてきたからです。「私は、悪いことなど何ひとつしていない」という方がおられるかもしれません。そんなことはないのですが、かりにその人が罪をおかしていなかったとしても、その先祖や身内がおかしているかもしれないのです。私たちは、人間としてこの世に生まれてきて以来、日々、罪をおかしつづけていく存在だといえます。

私たちの行為は、身と口と意で構成されています。意は、心のことです。これらが、業《ごう》、つまりカルマを生みだしていきます。身体を動かすたびに、しゃべるたびに、考えるたびに、業が蓄積されていきます。これを「身口意《しんくい》の三業《さんごう》」といいます。業が「おり」のようにたまっていくわけですから、一方で、日々のおこないをよくして、すなわち修行の日々を守って、清浄を維持していかなくてはなりません。ただ修行は、その最中には「罪をおかしていない」ということにすぎませんから、すでにおかしてしまった罪を清浄なものにするためには、べつの方法が必要でしょう。

これが、「懺悔《さんげ》」です。仏教では、「さんげ」と発音しますが、一般の「ざんげ」と同意です。悔《く》い改めるということによって、過去の業がとりのぞかれていきます。そして、懺悔することもまた、大切な修行です。

永平寺でも毎月、月末になりますと、「略布薩《りやくふさつ》」という儀式をとりおこないます。月の最後に大きく懺悔し、五体投地《ごたいとうち》を何十回もします。わかりやすくいえば、「大反省会」です。

つねに悔い改めていれば、原理的に、罪が蓄積することはありません。こうやって、いわば心の洗濯をするわけですが、そのためには身と口の清浄も守らなくてはいけません。坐禅をすれば、心がすっきりするのも、これが身体的な作法や、無言をともなっているからでしょう。身と口と意は、同時に清浄なものとなります。
供養というものも、ほどこすもの、捧《ささ》げるものではなくて、その人の罪滅ぼしのためにおこなうのだといえます。お葬式は、亡くなった人に対して最初に与えられる懺悔の機会です。
曹洞宗のお葬式では、授戒の式のあとに、導師が故人の懺悔がおこなわれたことをとなえます。

すでに身口意の三業を懺悔して、大清浄なることを得たり。つぎには、まさに仏《ぶっ》法僧《ぽうそう》の三宝《さんぼう》に帰依《きえ》したてまつるべし。三宝に三種の功徳《くどく》あり……。

と続いていきます。授戒と懺悔をへて、いよいよ仏法への帰依に導かれていくのです。ですから、先祖供養とは、ただ先祖を拝むのではなくて、先祖に懺悔の機会を与えてさしあげ、そこに立ちあった人たちも、ともに懺悔するためのものと考えてください。これが、お葬式の内容です。

何のために葬祭をおこなうのか

葬祭は、故人の供養のためだけにあるのではありません。残された人たちが、それぞれの人生の区切りをつける場でもあります。遺族の方がお葬式を終えて、「ようやく一段落しました」と、思わず本音をもらされることがありますが、まさにそういうことなのです。

いまもどこかのセレモニーホールで、仏式の葬儀がとりおこなわれています。日本でおこなわれる葬儀の九割が、いまだ仏式だそうです。しかし、「世間の手前、とりあえずのお葬式」というのであれば、ムリをしてやる必要はないと思います。実際に、身内やそれに近い人々だけでとりおこなわれる葬儀は増えています。

火葬式という、もっとも簡易な例を紹介しましたが、これでは、いかにも「野辺《のべ》送り」という印象が強く、さびしくも感じられます。

そこで、配偶者や子供など、ごく一部の遺族の方だけですませる葬儀があります。

これが、「密葬」です。参列者は五名ほど、お膳や返礼品も必要ありませんから、かかる費用もずっと安くなります。何より、弔問に来られる方の香典やお礼に気をつかわなくてすみますから、核家族化の進む社会において、どんどん普及しています。

これより少し規模が大きいのが、「家族葬」です。これでは、遺族の方をふくめて一五名ほどの参列があり、うち一〇名が、ご親族やとくに親しいご友人などです。この場合、通夜と葬儀に、通夜ぶるまいとお膳の費用、返礼品の費用が加わります。

密葬と家族葬を混同している方がおられますが、規模において区別がされています。費用も異なり、見性院の例をあげますと、密葬では三〇万円、家族葬では七八万円がベースとなります。これよりさらに規模が大きくなったのが、一般葬です。

見性院でお引き受けしたなかでは、弔問客五〇〇名という葬儀が、最近ではいちばん大規模なものでしたが、これほどのものは、いまは少ないでしょう。通夜七〇名、葬儀三〇名というのが、一般葬のモデルです。多くても、葬儀に、五、六〇名が来られるくらいでしょうか。

遺族の方が、故人と向きあって供養をするのでしたら、規模はいっこうに小さくてかまわないと思います。むしろ質のほうが大切です。

葬儀の質といいますと、どうしても、花祭壇が豪勢であるとか、お膳や返礼品が高額とか、そういったことを考えがちですが、もっと肝心《かんじん》なものを忘れないでほしいのです。それは、葬儀をおこなう場所と、導師をつとめる僧侶の質です。このほかのものは、いってしまえば、「つけたし」です。

セレモニーホールの一室に、名前も知らないようなお坊さんを呼んでおこなう葬儀では、いくらそのほかの要素を豪勢にしたところで、肝心なものが抜けてしまっているわけです。

見性院では、本堂で葬儀をおこなっています。「本堂葬儀」と呼んでおりますが、じつはこれをやっているお寺は多くありません。ごく少数といってもいいでしょう。

なぜ、本堂で葬儀をおこなってこなかったのか――。これはたいへん重要な問題なのですが、日本では長らく、ご遺体を不浄《ふじょう》なものと見てきたからです。大多数の住職たちが、「尊厳あるご遺体」などと口先ではいいながら、自分たちの「清浄」な本堂に入れることを拒んできたためです。

仏教界は、「葬式仏教」であることで支えられていながら、もっとも大切なご遺体をないがしろにしてきました。

「葬式仏教」に対する私の改革は、ご遺体はけっして不浄なものではないということ、ゆえに本堂にお迎えして、本物の供養をして差しあげようというところから始まっています。

そうでないと、さきほどお話しした、厳粛《げんしゆく》な懺悔の場にはなりません。また、死後出家とはいえ、戒名を授与するわけですから、当人を本堂にお迎えしないというのは、なんと失礼な話でしょうか。簡単な通信教育で資格を売るようなものでしょう。

遺族の方から連絡をお受けすると、すぐにご遺体の枕もとまで駆けつけます。そこで、最初のお経を上げることを「枕経《まくらぎよう》」といいます。これをおこなっているお寺は、少なくなりました。

そして、葬儀の日どりを決めますと、納棺し、ご遺体を本堂にお入れします。

一度、本堂でとりおこなわれる葬儀を体験していただきたいものです。仏教寺院にしかない荘厳《しようごん》が厳粛な儀式を演出してくれます。実際に、広い空間に響きわたる読経の声、鐘や太鼓の音を聞いて、感動なさる方は多いでしょう。

そして、火葬が終わると、いったん本堂に戻り、あらためて墓地へと向かうのですが、このときも、ご希望がありましたら、幡《はた》をかかげ、遺族の方たちが葬列をなして移動します。こういった風習は、すっかり少なくなりましたが、葬儀というものは、れっきとした儀式ですから、守っていきたいわけです。

「葬式仏教」だから悪いのではない

仏教は、「葬式仏教」であることに誇りを持って徹するべきというのが、私の考えです。それには、真心をこめて、その道を精進しさえすればよいのです。これも、修行のひとつです。

ですから、「葬式仏教」は、原点回帰をしていくだろうと思います。

密葬や家族葬が一般的になってきていますが、かつて、こういった小規模の葬儀は、少し前まで自宅でおこなっていました。それが、住居が手狭になってきたこと、弔問される方の交通の便を配慮するようになったことなどで、セレモニーホールに場が移ってきたのでした。

ところがいま、ふたたび自宅で葬儀をおこなう家が増えているのです。近ごろ、私が知るだけでも、三件ありました。もっと増えていくと思います。

仏教が原点回帰していくことで、現場の僧侶にも「柔軟性」が求められるでしょう。近ごろ、「俗名可」の葬儀が増えてきていますが、それでも、一周忌や三回忌などの法事をいとなむ時点で、「やはり、戒名をつけてほしい」という要望があるのです。こういうときは、ご希望どおり、授戒させていただくことにしています。

また、「戒名がないと、法事はできませんよ」なんてことをいう、困った住職がいるらしいのですが、とんでもないことです。法事は、戒名なしでもできます。

通夜も、近親者のみでおこなわれるのが、普通でした。家族だけで故人を囲んで、最後の夜を過ごしたいというのが、本来の通夜でした。あるいは、葬儀に向けて、打ち合わせをするとか、心の準備をする機会でもありました。ですから、お坊さんを呼ばなくていいわけです。いまでも、地域によって、導師のいない通夜の習慣が残っています。葬儀とは、また異なる役目のものです。

ところが、いまは何でもかんでもパッケージにされていますから、通夜と葬儀でワンセット、それが当たり前のように思われてしまっています。もっとも、こういったシステムは、葬祭を提供する側の都合でつくられていますから、自然なありかたはどういうものかということを、ご自身で考えてみられたほうがよいでしょう。葬祭の主体は、あくまでも遺族の方だということです。

そのうえで、僧侶の立場からすれば、供養というものは、望まれれば、どのような形であっても喜んでお受けしなくてはなりません。あえて柔軟性という表現をしましたが、仏教という信仰を背負う者として、当然のことです。この先、とくに「葬式仏教」の担い手に求められるのが、さまざまな状況への対応です。

「葬式仏教」は、最高のサービス業であると考えています。そのために、日々、知識をたくわえ、技量を鍛《きた》え、儀式において、その力を発揮できるよう備えておかなくてはなりません。私たちは、「供養させていただいている」のです。すると、正しい住職たちの姿勢は、正直な商売人のそれと何ら変わりありません。この基本を低く見て、従来の地位に安住する住職たちは、淘汰されていくと思われます。

第三章　仏教という、すごい収益システム

拝観料の、どこが宗教行為か

一九八五年に、観光都市・京都で大きな衝撃が起こります。市の観光に大きな役割を果たしていた主要な観光寺院が、いっせいに拝観を停止したのでした。「古都税」(古都保存協力税)問題です。慢性的な赤字に悩む市が、拝観料に課税しようとしたことで、お寺がこれに反撥《はんぱつ》した結果でした。

拝観料への課税に反撥したわけですから、拝観料が「非課税」であることがわかります。このとき、古都観光税に反対する理由をいろいろ説明する人がいましたが、ひとつも釈然《しやくぜん》とするものはありませんでした。非課税という既得権益にすがっているだけのようにも思います。

観覧料を拝観料と名づけた時点で、「拝んで観覧する」のだから宗教行為だというのでしょう。いわば参拝するための料金です。ただ、お庭の鑑賞、襖絵《ふすまえ》や茶道具の展覧、お茶の接待などのどこが宗教行為なのか、ちょっと理解に苦しみます。

それから、境内に立ち入るだけで拝観料が必要な観光寺院がほとんどです。参拝する方から代金を徴収するという考え方が、理解できません。明らかに仏教徒ではない観光客からいただくお金も、拝観料なのでしょうか。

お寺によっては、「文化財保存協力費」としておられるところもあります。このほうが、実態に見あっていますし、良心的でしょう。海外にある文化財級の教会では、この名義の徴収方法が常識です。もっとも多くの教会は、寄付金を箱のなかに入れる方式です。

お参りに来た人から、一律の参拝料をとるなんて、どうかしています。定額であって、一銭も負からない以上、もはや宗教行為ではありません。「自由なお布施にすると、まったく入れない人や、少ししか入れない人がいるから」という関係者がいますが、だから何だというのでしょうか。お布施の額は、出す側が決めるものです。

博物館のように、ごていねいに自動販売機を設置して発券するところもありますが、あれなどは、まったく宗教的な行為を自己否定しているように思えます。

お寺がやることは、すべて非課税か

宗教法人がやることであれば、なんでも宗教行為なのかといえば、それは正しくありません。そう誤解されている方が多いのですが、お寺にも課税対象はあります。見性院は、年間三〇万円前後の法人事業税をおさめています。墓地の販売は非課税で、固定資産税もかかりませんが、墓石などの販売は課税対象です。もちろん消費税もかかります。

ただし、課税対象の事業それじたいが売上一〇〇〇万円に満たない場合は、免税されます。これは、宗教法人でも、一般法人でも同様です。見性院の墓石販売は始まったばかりですので、将来はこの事業の売上からしっかりと納税していかなくてはなりません。

一般的に、お札やお守りは非課税、ロウソクや線香は課税とされています。それでは、結婚祈願ならいざ知らず、恋愛成就のお守りを頒布《はんぷ》することは、宗教行為なのかという疑問が出てきます。また、ロウソクを数本、お寺の判を押した袋に入れて「献《けん》灯《とう》」や「奉納」とでも書けば、非課税で通せます。

お寺の人が近くにいるのに、ロウソクや線香の横に、わざわざ箱をおいて、「ここに線香代をお入れください」と張り紙がしてあるのを見かけます。これなどは、ロウソクや線香を求めた人が、「自発的にお布施を出した」という印象を与えるための工夫です。「これは、商品売買ではありません、お布施です」というわけです。なぜ、お布施であることにこだわるのかといえば、そうすれば非課税になるからです。

ところが、「ロウソク、線香二〇〇円」と価格を決めている時点で、原則的な意味でのお布施ではありません。もっといえば、お布施の対象であるはずのお札やお守りも、定額表示が一般的です。お札の大小で、五〇〇円、一〇〇〇円、二〇〇〇円と価格は大きく違っています。ただしその原価は、ほとんどいっしょです。紙一枚と印刷代、高くても数十円でしょう。

いずれにせよ、お寺の収入には、グレーゾーンが多くあります。収入をきちんと分別し、納税しているお寺はけっして多くありません。税務署から指摘されて、「課税対象だとは知らなかった」と、弁明する例が意外と多いのです。営利企業ならまだしも、非営利法人であるお寺が、なぜ、こんなにも「非課税にこだわる」のか不思議に思われるでしょう。

近ごろ、こんな報道がありました。愛知県小牧《こまき》市にある曹洞宗寺院が、経営していた温泉施設が宗教施設ではないと見なされ、固定資産税を課せられました。一回の入浴料は一〇〇〇円と決められており、安いわけではありませんし、これをお布施というのにも、ムリがあります。

お寺の人は、「宗教への介入だ」といって取消を求めた訴訟を起こしましたが、棄《き》却《きやく》されてしまいました。それでも懲《こ》りずに控訴《こうそ》するそうです。理由はいろいろあるのでしょうけど、「みっともないから、おやめなさい」と思ってしまいます。

これは特殊な例ですが、一般寺院も同様です。税務署は、その道のプロです。簡単な収支報告の紙一枚を見ただけで、お寺の経済状況がひと目で見通せます。銀行家も、葬式業者も、みなさんお金のプロですね。

一戸の檀家が平均して年間五万円の支出をお寺にしているということですから、四〇〇戸の檀家があるお寺には、最低二〇〇〇万円の収入があると見こむことができます。これに財産目録を合わせれば、およその経済的規模が推測できます。

もし、このお寺で墓石販売の斡旋をしていて、二割のお水代を受けとっていたとしましょう。平均一五〇万円の墓石のお水代は、三〇万円ですね。すると、これが三五基販売されれば、課税対象の事業規模となるのです。お水代は、お布施ではありません。れっきとした物品販売の仲介業です。

それまで税務署の指摘が来なかったのは、少額なのでお目こぼしされていたにすぎません。向こうにも費用対効果というものがありますから、わずかの追徴金をとるために、たくさんの署員を動かすわけにはいきません。調子に乗りだすと、ガツンとやられます。

いずれにしましても、「ウチは少ないから大丈夫だろう」といって、販売収益や仲介で得た利益をお布施に書きかえている行為は、とても仏道に沿ったものとはいえないでしょう。非課税の対象をたくみに広げていこうとする、各住職の努力は涙ぐましく、滑稽《こっけい》ですらあります。

もしかすると、「宗教が国家に税金を支払ってどうするんだ」という、矜持《きょうじ》といえば聞こえがよすぎますが、そういった奇妙なこだわりがあるのかもしれません。

そう考えていきますと、温泉は明らかな課税対象なのに、お庭の鑑賞で受けとる一律の鑑賞料が非課税というのも、どうも腑《ふ》におちません。いっそ宗教法人に課税する範囲を広げてみてはと思うのですが、いかがでしょうか。

宗教法人の事業への課税に対して、「政教分離の原則に反する」とか、「宗教法人が有する公益性の否定だ」とか、「信教の自由を侵害している」とか、いろいろと理屈を持ちだしてくるのは、たいていが宗教関係者です。

彼らが、「政教分離」、「宗教行為の公益性」、「信教の自由」といった用語の意味を正確に理解しているかといえば、心もとないと思います。ただ、自分たちの既得権益を正当化するためのお題目《だいもく》を上げているのにすぎません。

仏教腐敗の元凶《げんきょう》、寺檀《じだん》制度

政教分離うんぬんを口にする前に、まず、仏教というものが、けっして平和を愛し、穏やかな信仰をつらぬく存在ではなかった、過去の歴史をもう一度ふりかえる必要があります。

古代の仏教は、国家宗教です。お寺もまた、国家の鎮護《ちんご》や繁栄のためといいながら、一部の権力者のために建立されました。行基《ぎょうき》のような社会事業家が諸国を勧進《かんじん》し、大仏造立《だいぶつぞうりゅう》の資金集めに寄与しましたが、大仏ができたからといって、民衆の暮らしが楽になり、その文化水準が向上するわけではありません。当時の民衆が、東大《とうだい》寺《じ》を参拝していたということもなかったのです。

さらに仏教は、その権力を維持するための暴力装置を備えるようになりました。南《なん》都《と》の興福寺《こうふくじ》や京の比叡山《ひえいざん》などは、独自に強大な軍事力を有していて、天皇や時の権力者でも思いのままにならない存在でした。戦国時代には、本願寺《ほんがんじ》教団《きょうだん》が武力を手にして、武将たちと互角以上にわたりあっています。信仰のためとはいいながら、反対勢力に抗する過程で、血なまぐさい歴史が起こっていたのです。

ですから、仏教が本当の意味で民衆のためになった時代は、多くありません。「お坊さんは平和を愛する人たち」という妄想《もうそう》も、捨てなくてはなりません。宗教は、「もうひとつの国家」でした。海外における宗教戦争を見ても、明らかでしょう。イタリアという国家のなかにバチカンがあり、その宗教的権威は国家機能として独立しています。また、ひとつの宗教を国教とする国家も多くあります。

そういった「せめぎあい」のなかで選択された「政教分離」です。最初から、「宗教は公益性が顕著《けんちょ》なものであるから、独立性を認めましょう」というわけではなかったと思います。宗教が政治権力と闘い、それに対抗する「もうひとつの権力」として認められた結果、「おたがいを尊重し、不可侵《ふかしん》でいきましょう」という妥協の表現として、「政教分離」が導きだされたのです。

ところが、いまの日本の宗教は、政治権力から独立しているように見えながら、実態は財布の紐《ひも》を握られています。宗教法人は、非課税という特権を受けていながら、特権の源泉である宗教法人格を維持するために、毎年、行政監督庁に収支や財産の報告書を提出しなくてはならないからです。収支や財産を報告するということは、ひとたび「不正」があれば、税金を追徴される関係を意味しています。

日本の宗教が政治権力に統制されるようになったのは、江戸時代からです。幕府は、「宗教の力」に脅威を感じていました。一六三七年に「島原《しまばら》の乱」が起き、キリスト教の禁制が強化されます。それを受ける形で、一六三八年にとりいれられたのが、「寺請《てらうけ》制度」です。日本に住むすべての民衆は、幕府が定めた仏教宗派のいずれかに属さなければならないという制度です。

政治権力者から見れば、仏教宗派が民衆の信仰内容を監視する役目を負っていたわけです。表現を悪くすれば、このとき仏教は、「幕府の犬」になりました。

江戸末期に、日蓮《にちれん》や蓮如《れんにょ》のような僧侶があらわれたなら、たちどころに宗教革命が起こったかもしれません。しかし、それは起こりませんでした。

一方、現代仏教の元凶《げんきょう》である「檀家」のシステムも江戸時代から始まります。お寺と檀家の切っても切れない関係、いわゆる「寺檀制度」です。これは、お寺が民衆に寄生して、生存権を保障される制度でもありました。いったん檀那寺《だんなでら》（菩提寺）が決められると、変更ができません。民衆に移動の自由を与えない、信仰の自由を与えないことで、各寺院の信徒は「顧客化」されます。

檀家がどのお寺に属しているかを記した「宗旨人別改帳《しゅうしにんべつあらためちょう》」がつくられると、これが戸籍がわりになりました。民衆にとって、地域社会を支配するお寺に逆らうと、そこから排除され、生きづらくなります。お寺が、宗教的存在として超然としているのではなく、日常において地域社会の中心に座っているわけです。

ですから、寺檀《じだん》制度というのは、宗教制度ではないのです。明らかに政治的な制度で、お寺はその政治的要素のひとつでしかなくなります。

　こうしてお寺は、ゆがんだ形で得た権力をふるうようになりました。檀家はお寺に隷属《れいぞく》し、その財産を度重《たびかさ》なる寄進やお布施として提供させられる関係が生まれます。また、葬祭を管理されることで、家ごと支配されます。檀徒ではなく、あくまでも檀家です。お寺の祭りやお盆の供養をおこたると、周囲から白い目で見られるような環境ができあがっていきます。

　支配される民衆の側も、その「被支配」に慣らされることによって、道理の判断がつかなくなっていくのでしょう。「これは、おかしい」と思えなくなります。お寺と檀家の、固着したもたれあいができあがります。

　それにしても、檀家とはうまく名づけたものです。檀家の「檀」は、「檀那」をあらわしています。そのもとの意味は、お布施をする人、いわゆるスポンサーで、檀越《だんおつ》ともいいます。戦国時代までの檀那衆は、文字どおりスポンサーでした。

　よく混同される方が多いのですが、「檀家」のダンと「仏壇」のダンとは、このように由来が異なるため、あてる漢字も違っているのです。

大きな禅寺には、いまも塔頭《たっちゅう》という子院《しいん》があります。もとは、本寺で名をなした僧侶の墓所を弟子たちが守るために建立したものです。時代が下ると、隠居した僧侶のすまいが多くなります。これを経済的に支援したのが、有力武家や豪商などの檀那衆でした。

それが、江戸時代になると、この役を民衆が分担して背負わされます。いまも、商売人が「檀那」と呼ぶときは、「お金離れのいいお客さん」を意味していますね。これが寺檀制度の正体であり、「檀家はお寺の顧客」だといえます。しかも、個人ではなく、家ぐるみです。その腐れ縁が、いまなお続いているのです。

お寺のなかの階層化——本末《ほんまつ》制度

「寺請制度」によって、お寺と檀家の階層ができあがりますが、これに続く一六六五年の「諸宗《しょしゅう》寺院法度《はっと》」という制度では、お寺のなかの階層化が顕著になりました。

宗派のトップには、大本山《だいほんざん》や総本山といったものがあります。これに、別格《べっかく》本山、中本山、準別格本山というような階層が続きます。その構成は宗派によって変わっており、曹洞宗では、二カ寺の大本山があって、その下は「表向きにはフラット」ということになっています。ただし、「みなしの階層」がないわけではありません。たとえば、「みなし別格本山」といったものがあるわけです。

もっともこんな階層は、一般の信徒や檀家にはなんの関係もないことでしょう。問題は、その他おおぜいの一般寺院のあいだにも階層があるということです。

会社組織でいえば、課長でも主任でもない、ヒラの社員のなかにもある厳然《げんぜん》たる階層です。ベテラン社員と新人社員、正社員と契約社員、生えぬき組と中途入社組……そういった関係とはまったく違います。正社員のなかに最初から本社員と末端社員が決められて、しかも、時間の経過やその後の努力などによって変わることはありません。会社が続くかぎり、本社員は本社員、末端社員は末端社員のままです。こんな会社はありますか。

それが、第一章でもすこしふれた、「本寺」と「末寺」の関係です。すべてのお寺には、本寺と末寺の別が決められていて、その制度が江戸時代からずっと続いています。いわば、「本末制度《ほんまつせいど》」です。ところが、外から見るだけでは、その関係ははっきりとはわかりません。表看板には明記されていないからです。お寺の関係者と一部の檀家だけがこだわる特殊な世界です。

見性院は、熊谷市内にある某寺の末寺です。本寺は、地域に五、六カ寺の末寺を持っており、これらが「教区《きょうく》」を構成しています。本寺住職は、教区長を兼ねることが多くなります。また、たいていの場合、末寺の責任役員になっています。

この教区が宗派組織の最小単位です。教区内の同門寺院は、何をやるにもいっしょです。末寺が特別なことをやるには、本寺のおうかがいを立てなくてはならない場合が出てきます。と同時に、地域同門寺院のもたれあいの拠点にもなっています。

たとえば、私は以前に、曹洞宗埼玉県第一宗務所《しゅうむしょ》の人権委員会のメンバーでした。ここには、地域の教区長とそれに準じるクラスの住職たちが属しています。年齢は、五十歳前から五十代といった人たちが多く、若くて理想をもって臨んでいるような人は呼ばれません。

なぜなら、こういった「○○委員」というのは名誉職だからです。肩書きです。何かの機会で略歴をまとめるときに、「曹洞宗埼玉県第一宗務所人権委員」と書けるわけです。政治家といっしょです。「人権のことをおやりですか。ご立派ですね」といわれて、ニンマリしています。

ところが当人は、人権のことなんて、ほとんど知らないでしょう。彼らにとって委員会や会派の会合は、見栄のため、仲間うちの情報交換の場、遊びの場にあるのであって、学びの場、実践の場ではないからです。ですから、形だけの勉強会や講習が終わると、さっそく飲みに出かけてしまいます。あるいは、週末のゴルフ談議に終始することもありました。

私の場合、教区長でもありませんが、県の宗務所の職員や、ほかの役職をつとめている人は委員を兼ねられないという規則がありますし、区域の規模が小さいということもあって、声がかかったのだと思います。ただ、勉強会とは名ばかりの年寄りの親睦会には興味がないので、そのうち出なくなってしまいました。キャリアにはこだわらず、若くてやる気のある人にやってもらったほうがいいでしょう。

江戸時代から本末制度は続いていますが、本寺が固定されているわけではありませんでした。当初は、輪番《りんばん》制で本寺を決めているところもありました。また、能力主義も否定されていません。なにより世襲ではなく、住職が外からやってくることもあるのですから、名門出身の優秀な人が入れば、状況は変わります。そのお寺出身の住職が一念発起《いちねんほっき》して、名を上げることもできたでしょう。

ただ、人材は、歴史のあるお寺、大きなお寺にかたよりがちです。歴史が古く、規模が大きい、檀家が多い、立地もいい……そういったお寺があれば、やがて固定されるでしょう。本寺が決まると、今度は本寺との関係性によって、末寺のあいだの上下が決まっていきます。「直末《じきまつ》」などという表現まで出てきます。また、本寺の上に、総本寺なるものが登場します。

一般の方は、本寺と末寺の関係と聞くと、もっと流動的、自然発生的なものとお感じになるかもしれません。しかし、これはれっきとした制度です。いまや固着して、既得権益の温床《おんしょう》になっています。

宗派にとって本末の関係は、親子の関係より濃く、親には逆らっても、本寺に逆らうことはできないといわれるほどです。末寺である以上、本寺には絶対服従ですから、いまの本寺の住職が意に添《そ》わない人であっても、別の本寺の下に移ることはできません。子にとっての親ですから、たとえ親がどうであれ、縁を切ることはできないわけです。『曹洞宗規則』第十四条には、つぎのように明記されています。

本寺を変えることはできない。

ですから、本末制度と寺檀制度を合わせることで、本山—本寺—末寺—檀家というヒエラルキーができあがります。このうち本末関係が崩れると、影響が宗派の本山ヒエラルキーにもおよびかねませんから、宗派はこれを死守しなくてはなりません。そういう構図です。

その結果、末寺の檀家は、その本寺の支配も受けていることになります。お布施の一部が、永平寺や修行道場に入るのならまだしも、近隣の聞いたこともないようなお寺の住職の趣味に消えていくのは嫌ですよね。

末寺の檀家から解放されることは、本寺の支配から解放されることでもあります。それか、お寺が、本末制度から解放されるかのどちらかです。ただ、宗派に属するかぎり、それはできませんから、本寺とのつきあいを薄くしていくしか、方法はありません。

こうして親子の縁は切れないものの、その関係をかぎりなくゼロに近づけていくことで、影響を受けないようにしていくしかないでしょう。「宗制」のどこにも、「いかなる親でも敬い、奉仕せよ」とは書かれていません。

どこかでケリをつけませんと、人間の親というものは、子より先に亡くなるものですが、お寺の親子関係は、私が死んでも、そのつぎの代、またつぎの代と、永遠に続いていくものだからです。これほど封建的な関係は、そうほかにないでしょう。

本寺が、末寺からお金を得る二度の機会

曹洞宗寺院であるかぎり、本末関係を解消することはできません。しかし、本寺とかかわりを持たないことはできます。ただそうしますと、地域寺院の寄りあいに呼んでもらえないとか、お盆などの多忙期に手伝いのお坊さんを回してもらえないとかはあります。私は、それにともなう不条理で面倒な人間関係もなくなると思えば、その

ほうが気楽だと考えています。

本寺が末寺からお金を吸いあげる機会は、大きく二つあります。ひとつは、住職の就任式であり、もうひとつは住職の葬式です。つまり、住職のはじまりと最後のところで、「大枚《たいまい》」をはたいて、自分の任務寺が地域同門の末端に帰属しているのだという意識を強く持たされるわけです。この大枚の原資はもちろん、お布施です。

住職の就任式を晋山式《しんさんしき》、曹洞宗では「晋山結制《しんさんけつせい》」といいます。これをおこなうことで、宗派内での僧階もあがり、大和尚《だいおしょう》となります。大和尚にならないと、緋《ひ》の衣を着られないわけです。ただし、就任式をおこなわないからといって、住職になれないわけではありませんから、位や衣の色にこだわらなければ、どうでもよいものです。

かくいう私は、晋山結制をしていません。なぜかというと、晋山結制には、一〇〇〇万円以上、場合によっては二〇〇〇万円という、莫大《ばくだい》な費用がかかるからです。それから、本寺や教区の寺院に、非常識と思えるような額の謝礼を支払わなくてはなりません。

そういうわけで、私は法式研究会をつくって、お金のかからない晋山結制をやれる方法をさぐっているところです。仲間うちが日当一万円で集まって、それに必要な道具もそのたびにそろえず、使いまわします。見栄をはらなければ、三〇〇万円くらいで可能なのではないかと、試算しています。

同様に、住職の葬式をやるのにも、莫大な費用がかかります。ただし、住職にある者が就任式はやらないにしても、葬式をやらないというわけにはいかないでしょう。どのような方法がよいのか、いま考えているところです。

前住職である父は、従来の方法で葬式をおこないましたから、その結果、一四〇〇万円もの費用がかかりました。二〇〇八年のことです。

このとき、本寺や関係寺院から参列される僧侶たちを導師として迎え、お布施を包まなくてはなりません。この導師へのお布施とはべつに、「中興《ちゅうこう》」、「再興《さいこう》」、「重興《じゅうこう》」などの称を本寺の住職から授けていただきますが、これに三〇～一〇〇万円のお布施を出すのが通例です。このほかにもさまざまな費用があって、いやというほど、本末関係の不条理を思い知らされたわけです。

研修を五回受けたら、階級が上がる？

多くのお寺にとって、大本山と直接、関係を持つなんてことは、まずありません。大本山も、全国に一万五〇〇〇もあるお寺の住職たちから日参されたところで、ていねいな対応などできるわけがありません。私が永平寺に修行していたときも、お参りの人や観光客の対応だけで、てんやわんやでした。

ですから、つきあいの範囲も、ほぼ地域の同門に限られることになります。ひとつは、本寺を中心とした教区、もうひとつは、県の「宗務所」を中心とした範囲です。宗務所は、本部の宗務庁の管轄下にある組織で、平均して一五〜二〇の教区がふくまれています。これが、お寺の組合です。たいへん閉鎖的な社会です。

埼玉県には、東西の地域で二つに分類され、それぞれに宗務所があり、見性院は、曹洞宗埼玉県第一宗務所に属しています。静岡県などは、四つの宗務所があります。東京は、お寺が少ないので、ひとつしかありません。

埼玉県の宗務所には、定まった組織があるわけではなく、地域寺院が持ちまわりでつとめていますから、人がいないところは、やりきれません。結果的に宗務所を引き受けられるお寺は限られてきます。有力寺院がある県では、固定されることもあるようです。愛知県では、豊川稲荷《とよかわいなり》の一角に宗務所の建物があります。

県の宗務所では、宗派本部の指示を受けて、年一回の現職研修がおこなわれています。これは、五十五歳未満の現職に出席が義務づけられているものです。二日かけてやるところもありますが、埼玉県は一日で終わります。昼をはさんで、午前と午後でやります。

ここまではよいのですが、内容はいたって基本的なものです。ある年齢に達した曹洞宗僧侶として、社会に出て恥ずかしくないような見識を持っておこうというわけですが、一度出てみますと、そんなこと知らない人がいるのかといった内容か、一部の人だけが研究しているような専門分野の発表です。

ですから、一回でも出れば十分なのですが、宗務所からしてみれば、出席者の数が少ないと、宗派本部から目をつけられますし、来ていただいた講師の方にも顔が立ちません。宗派は宗派で、わが宗門の僧侶たちが熱心に学んでいるという実績が欲しいでしょう。

というわけで、三回連続して出席しないと、不良住職のレッテルを張られてしまいます。このことは、ごていねいに「宗制」にも記されています。それでも、出席しない住職がいるのでしょう。五回出席すると、特典がつきます。一回受講すると、修了証が出ますが、これを五枚ためると、なんと僧侶の階級がひとつ上がることになっているのです。

カリキュラムがきちんとあって、初級、中級……と、講義の内容が上がってくるのなら、まだ五回出る意味はあります。しかし、毎年脈絡《みゃくらく》のないテーマがくりかえされていますから、何回出ても役には立ちません。

ただ、いくらムダなことでも、組織の体裁をととのえるために熱心に働いてくれる人を尊重するのが、組織というものです。これとは逆に、「ムダなことはムダ」と、直言することは、当然ながら嫌われます。

僧階《そうかい》と墨染《すみぞめ》の衣

ここで、僧侶の階級について、少しお話しさせていただきましょう。これには、

「法階《ほうかい》」と「僧階《そうかい》」の二種類があって、その内容は宗派によって大きく異なります。

法階は、通過する儀式の有無によって上がっていくものです。上座《じょうざ》、座元《ざげん》、和尚《おしょう》、大和尚……というように進みます（座元と和尚のあいだに。力生《りきしょう》をもうける場合もあります）。「和尚」は、宗派によって読み方が異なることがあります。

住職にある人の法階は、和尚か大和尚です。さきほどお話ししましたように、晋山結制を済ませたかどうかで、変わってきます。一般寺院の住職の法階は、大和尚が上がりです。

もうひとつの僧階は、修行の年間や経歴によって変わってきます。仏教界も、会社や役所と同様、年功序列が基本です。

まず、一般の僧侶がいます。私は高校一年のときに、師匠である父のもとで、出家得度しました。お寺の子で、跡を継ぐということであれば、みなさん同じようにやられると思います。曹洞宗の場合は、十歳以上になれば、出家できます。

つぎに、永平寺など大本山での修行があります。その仕上げとして「法戦式《ほっせんしき》」という、形だけの禅問答をおこないます。その後、師匠から正式に弟子として認めてもらいます。これが、「嗣法《しほう》」です。「おまえは、私の法(教え)を継いだ」ということを認められるわけです。

師匠から嗣法を受けると、今度は永平寺と總持寺《そうじじ》の両大本山に向かい、それぞれの朝のおつとめで導師をつとめます。これが「瑞世《ずいせ》」で、「一日拝登《はいとう》」、「一夜住職」ともいいます。このときに両大本山にいくらか包むわけです。一夜住職の儀礼が終わると、その証明書を持って本部に申請します。

すると、「教師」という僧階が許可されます。三等教師、二等教師、一等教師、正《せい》教師と段階がありますが、これは、それまでの修行の年間と経歴によって決まります。私は、修行も長く、大学を出ていましたので、正教師でした。このとき、「ようやく修行が終わった」とカン違いする人がいるのですが、ここからが本当の修行のはじまりです。

教師になると、弟子をとることができます。つまり、授戒ができます。「葬式仏教」において、この資格が大きいのです。ただし、教師の階級を得たら、それに対する賦《ふ》課金《かきん》をおさめなくてはなりません。これをふくむ「宗費《しゅうひ》」は、175ページのとおりで

宗務庁から毎年送られてくる「宗費」の支払通知書

〒 360-0161
熊谷市万吉
７９７
見性院　様
寺院コード（04170396）

公　印　省　略
平成２６年４月１日
曹洞宗宗務庁
財政部長
東京都港区芝２－５－２
電話　03　　　　（経理課直通）

御寺院各位

平成２６年度宗費並びに僧侶共済掛金は、下記の通りですのでお知らせします。所定の方法で期限内にご納入いただきますようお願い申し上げます。
なお、宗費の算出基準については、裏面をご参照ください。

埼玉県第１第１７教区　0396番　見性院　様

寺格賦課金

寺格	賦課金	減免・期間
法地	35,000円	

級階賦課金

級階	単位累加点数	賦課金	減免・期間
44 級	2093 点	336,970円	

教師賦課金

准教師名	賦課金
橋本　光枝	1,000円

滞怠納額	0円

（加算金・手数料を含む）

災害援護拠金	3,900円
建物共済口数	3口

納入額合計	431,870円

教師賦課金　教師名に※を印字の方は僧侶共済加入者

教師名	教師資格	賦課金	減免・期限
橋本　英樹※	正教師	30,000円	
合計		30,000円	

僧侶共済掛金	※の方、1人25,000円	25,000円

貴寺は、宗費納入組合に加入されていますので、納付先は、組合長（教区長）となります。

す。この表にある「級階賦課金」は、お寺の経済力に合わせて変動します。

また、正教師になると、色衣《しきえ》をつけることが許されます。それまでは、墨染《すみぞめ》の衣しかつけることができません。道元禅師が一生を墨染の衣で通したそうですから、私もそれにならいたいです。だいたい色で地位を表現するなんてことが邪道ではないでしょうか。

臨済宗では、墨染ではなく、青い衣をつけます。曹洞宗に、青い衣はありません。ですから、いい歳をした禅僧が、黒や青の衣をつけていたら、だいたいが偏屈《へんくつ》なお坊さんだという目安になると思います。私はそのひとりです。

ついに檀家の制度をやめる

いまの仏教界を堕落させているのは、お布施の強要を前提とした寺檀制度と、固定化された本末制度です。この二つの制度がなくなれば、日本の仏教はずいぶん風通しがよくなります。お寺に蔓延《まんえん》する精神の腐敗もおさまり、世間からの批判の声もやわらぐでしょう。

住職たちは、委員会や勉強会とは名ばかりの親睦会をやっているという話をしましたが、これは教区費とか、お寺の経費から出すわけです。住職の自腹ではありません。いまどきサラリーマンは、会社で経費を落とせませんから、都会では立ち飲み居酒屋がはやっているそうです。ところが、住職たちは、会議をホテルやフレンチレストランでやっています。その費用は、表向きは教化費ということで、原資は、もちろん檀家から集めたお金です。

お寺は、檀家から寄進や葬祭費用としてお布施を受けていますが、これとは別にお寺の維持費のようなものを毎年五月に集めています。檀家一戸あたり、五〇〇〇円から高いところで三万円、だいたい平均して一万円くらいです。これが護持会費《ごじかいひ》です。未払いは増えてきているとのことですが、檀家一戸あたり、平均して年間五万円ほどのお金をさまざまな名目で、お寺に出していると聞いています。

いまは、墓地の年間管理料を護持会費としているお寺が多いようですから、お寺に墓地がある人は、みなさん仕方なく支払っています。一戸一万円で、五〇〇〇の檀家（墓地所有者）があれば、それだけで五〇〇〇万円になります。三万円で八〇〇〇戸あれば、二四〇〇万円です。さらには、墓地の年間管理料と護持会費を別個に集めているお寺もあります。

これが、教化費ならぬ業界内交際費、研修費ならぬ旅行費、それから、さきほどの宗費などにあてられます。極端な話、宗派本山にとって、こうした「上納金」が遅滞《ちたい》なく支払われていることが、重要なのです。

そもそも宗費なんてものは、個々のお寺が総収入のなかから捻出《ねんしゅつ》すべきものでしょう。これを檀家が出して当然とする住職家の腐敗した精神は、つまるところ、寺檀制度に由来しているのではないかと確信するようになりました。

二〇一二年六月、見性院は、檀家制度を廃止しました。墓地使用にかかる護持会費も廃止しました。これによって、晴れて檀家は旧檀家となり、菩提寺は旧菩提寺となりました。

檀家の数は、多いお寺で一〇〇〇戸以上、少ないところで数戸と千差万別です。見性院には約四〇〇戸の檀家がありましたが、旧檀家のみなさんには、いったん見性院の信徒になっていただきました。

もう檀家ではありませんから、ほかのお寺や宗派に移られるのも、信徒をやめて墓地だけの関係になるのも、すべて自由です。これが本当の「信教の自由」ではないでしょうか。しかし、お寺にもう一円も出す義務がなくなったのにもかかわらず、旧檀家の一部の方から反対意見が出ました。このとき、寺檀制度の根深さをいっそう痛感させられました。

檀家の数において、本寺のそれを末寺が上回るということがないというのが理想とされています。本寺が八〇〇～一〇〇〇戸であれば、末寺は三〇〇～五〇〇戸という感じです。本末関係がわかりやすく維持されるには、お寺の貧富の差ができなくてはなりません。

ところが、多くの寺院にとって、檀家とは、墓地契約者と同義であることが多くなっているのです。いまでは、これに永代供養墓の納骨契約者が加わります。いってしまえば、信徒のような関係です。すると、旧来の檀家として数えてきた時代よりも自由度が増し、数の変動も起こりやすくなります。本寺よりも、末寺のほうが檀信徒数が多いということがありえるようになったわけです。

見性院にも、そちらで墓地を持ちたい、永代供養墓を利用したいという問いあわせが、ほかのお寺の檀家の方から来るようになりました。

こうして宗派の根幹にかかる問題に一石を投じてしまった以上、あとには引けません。ここでつぶれてしまっては、支持してくれた方々に迷惑をかけてしまいます。

いまのところ、大本山や宗務庁からのお咎《とが》めはありません。ブツブツいっているのは、近隣の同門寺院ばかりです。世のなかの大きな流れの変化にも気づかず、「お布施が集まらない」、「檀家の信心が減った」と、ブツブツいっておられます。

ちなみに、曹洞宗の「宗制」にも、「檀家の制度を維持する」とは、どこにも書かれていないのです。現実は檀家の隷属を黙認しながら、「檀家は隷属するように」とまではいえないのでしょう。これを明記してしまうと、伝統や規律の維持ではなく、もはや憲法違反になります。

ですから宗制には、檀家（檀徒）と信徒とを組みあわせた「檀信徒」という表現が用いられています。寺檀制度は過去のものになりつつあるという自覚が、宗派のなかにもあるのかもしれません。

宗派を離れる

そんなに嫌なら、曹洞宗じたいをやめてしまってはどうか、と助言してくださる人もいます。いまのところ、そのつもりはありません。

お寺には、いっさいの宗派に属さない形もあります。これを「単立《たんりつ》」といいます。単立寺院は、経済的に単立でもやっていけるところがほとんどです。

それどころか、ありあまる収益や財産があるために、これを宗派や近隣の同門寺院に分けてやるのは、もったいないと考えるようになるのかもしれません。収入があるということは、それなりの収入源があるということですから、宗派も好待遇をちらつかせて、抱えこもうとするでしょう。あるいは、そういったお金と宗派内の地位の話がからんで、こじれてしまう場合が多いのかもしれません。

いずれにせよ、何らかの高邁《こうまい》な理想を達成するために、宗派を離れ、一カ寺でやっていくことを決めたお寺はないでしょう。お坊さんの果てしない欲望を甘く見てもらっては困ります。たいていは、お金の問題か、人間関係の問題です。

伝統的な宗派というのは、行政から見て、ひとつの監督機能が期待されています。

個々のお寺を監督する都道府県の学事課の本音は、担当域内に単立寺院があまり増えてほしくないというところでしょう。

たとえば、曹洞宗という「包括する法人」のもとにある宗教法人であれば、ここが、何か大きな問題を起こせば、曹洞宗の本部に対応させることができます。ところが、単立寺院は、全部自分たちでやるわけです。自己裁定ですから、裏を返せば、何もかも際限《さいげん》なく勝手にやれることを意味しています。それが地域の名門寺院であれば、もはや治外法権《ちがいほうけん》でしょう。そもそも宗教法人に自律《じりつ》を期待するほうが、おかしいのです。

宗派に属していても、やれることはやれます。問題は、お金もうけ以外に、やることを見つけられているかでしょう。

ただ、お寺は宗派に属さず、そこに出入りする僧侶が宗派に属しているという場合があります。その一例として、長野市の善光寺《ぜんこうじ》が知られています。善光寺じたいは単立ですが、その山内に天台宗と浄土宗のお寺がいくつも寄生しています。

ところが、善光寺は人もお金も集まる日本有数のお寺ですので、その恩恵にあずかる住職たちは、たいへん贅沢《ぜいたく》な暮らしをしています。駐車場には、驚くような高級車が並んでいるそうです。

善光寺山内の住職たちの生き方を見習うつもりはありませんが、そのシステムは、興味深いものです。見性院が単立寺院で、さまざまな宗派の住職や僧侶が共同管理したなら、どうなるのだろうと考えたりもします。

見性院がどうあるべきかという問題は別にして、私個人が曹洞宗僧侶である点に不満はありません。宗派の祖である道元禅師のことは敬愛しておりますし、師が生涯をかけて書いた『正法眼蔵《しょうぼうげんぞう》』を、私も一生涯かけて読んでいきます。

いまの組織に疑問があるだけであって、それは仏教徒であるかぎり、どこに行っても同じでしょう。宗派を去る理由にはなりません。かえって、埼玉県の田舎から世界に向けて、曹洞宗を変えていこう、日本の仏教を変えていこう、というやる気に満ちています。

見性《けんしょう》成仏《じょうぶつ》と曹洞宗

お寺の名前には、山号《さんごう》と寺号《じごう》があります。「○○山△△寺」でフルネームです。むかしの中国のお寺が、山の上につくられていたからという説があります。市中に建てられても、山号を持っているのは、そのときの名残です。見性院の山号は、万吉山《まんきちざん》ですが、これは、お寺の所在する万吉《まげち》の地名をとって、音読みにしています。

見性院は、寺号です。見性《けんしょう》成仏《じょうぶつ》という禅語があるように、とても禅的な言葉でもあります。山内一豊《やまのうちかずとよ》の奥様の戒名も見性院です。彼女のお墓と位牌は、京都の臨済宗妙心寺《みょうしんじ》にあります。ですから、見性院とか見性寺という名前のお寺があれば、ほぼ曹洞宗か臨済宗です。

見性成仏は、仏性《ぶっしょう》を自分の心のなかに見いだすという意味です。仏性とは、仏の本質、すなわち悟《さと》りです。これを発見することが、そのまま成仏だということです。

ここでおことわりしておかなくてはならないのは、成仏というのは、けっして死ぬことではありません。死んだだけで成仏すれば、そんな簡単な話はありません。成仏は本来、生きているうちにあるべきものでしょうが、ある日、仏さまが枕もとに立って、「おまえは成仏した」と告《つ》げてくださるわけではありません。「どうしたら成仏できるのか、どうなったら成仏したことになるのか」——、そんなふうに、いまの人も、むかしの人も、おおいに悩むことになります。

一般的に禅宗としてひとくくりにされていますが、大きく曹洞宗と臨済宗にわかれています。もうひとつ、黄檗《おうばく》宗があり、これは江戸時代になって日本にやってきたものです。京都と長崎に大きな寺院がありますが、全国的規模でみると多くはありません。このほか、達磨《だるま》宗といったものもありましたが、いまは残っていません。

臨済宗は、仏教寺院のメッカである京都に、南禅寺《なんぜんじ》、相国寺《しょうこくじ》、天龍寺《てんりゅうじ》、大徳寺《だいとくじ》、妙心寺など、多くの名刹がいまも隆盛をきわめているため、たいへん目立っています。金閣寺や銀閣寺は、相国寺の塔頭です。いずれのお寺にも、書画や庭園などの文化財が多く残されています。

一方の曹洞宗は、福井県の山中にある永平寺をのぞけば、かろうじて東京高輪《たかなわ》の泉《せん》岳寺《がくじ》や伊豆の修禅寺《しゅぜんじ》、愛知県の豊川稲荷くらいしか知られていません。ですから、宗派の隆盛という面では、臨済宗におくれをとっているように思われがちですが、実際は、曹洞宗のほうが普及しています。

全国には、約七万五〇〇〇カ寺があるといわれていますが、その五分の一が曹洞宗です。これは、浄土真宗系の各宗派を別にして数えれば、お寺の数では、いちばん多いのです。僧籍にある者の数も約二万人におよぶといわれています。もちろん、数が多ければよい、規模が大きければよいというわけではありませんが……。

禅といえば、一般的に、坐禅と禅問答を浮かべるでしょう。このうち禅問答を坐禅とともに修行の軸としているのが、臨済宗です。禅問答に重きをおくことで、公案禅《こうあんぜん》といい、また、修行をするたびに一段ずつ悟りに向かっていくことで、梯子禅《はしごぜん》とも呼ばれています。

それに対して曹洞宗は、「一寸坐《いっすんすわ》れば一寸の仏」ということで、坐禅に修行の重きをおいています。坐禅をしているあいだは、老僧であっても、初心者であっても、「仏になっている」ということです。仏のおこないに無心でならうことで、おのれもまた仏になっている、悟りを得ています。

つまり、梯子のような段階がないという意味をあらわしています。梯子をのぼろうとせず、修行によって見返りも求めません。これが、「無所得《むしょとく》、無所悟《むしょご》の境地《きょうち》」です。無欲で無心になって坐禅に打ちこんでいたり、そのほかの修行に入りこんでいたりしているあいだは、みな仏であるというわけです。修行によって仏の地位にいたるのではなく、修行中に仏の世界を全身で体現しています。

悟りのことを禅では「証《しょう》」といいます。つまり、あかし、証明です。この証と修行が一体、ひとつであるという状態をあらわす言葉が、「修証《しゅしょう》」です。『修証義《ぎ》』という曹洞宗の経典の名前もここに由来しています。ですから、この修証は、先ほどの見性成仏と同じ意味です。禅にとって、曹洞宗にとって、とても大切な考え方です。

とまぁ、理想ばかり述べましたが、この世のなか、理想どおりに進めば、こんな気楽なことはありません。理想を探して追い求めるということは、裏を返せば、現実が理想とは程遠いからともいえます。俗世間、仏教界ともに、いつの時代も理想から程遠いところにあります。

道元禅師の時代もおそらくそうでした。仏教界は、腐敗しきっていました。いまが悪いわけではなく、人間である以上、いつの時代も変わりないということです。

梯子をのぼるように修行の段階をのぼっていくということは、よくいえば、一生涯が修行の身ということですが、悪くいえば、同じ修行中の身分のあいだに、階級をもうけるということに他なりません。梯子の一段ごとに、上の立場の者に対する賄賂《わいろ》や阿諛追従《あゆついしょう》があったことを意味しています。

初級の上に中級があって、さらに上級、特級、特々級……と、これはいまの世間もそうですが、はてしなく段階的な身分におもねる生涯が、死ぬまで続いていくということでしょう。「死んだら成仏」とは、よくいったものです。死ねば誰もが、こういった身分の梯子からのがれることができるのですから。

道元禅師もまた、そんな一生にうんざりしていたのだと思います。修行や学問を重ねるだけでは、俗世の徳をあらわすことができません。仏教の階級社会の頂点にあったのが、京都の比叡山でした。

曹洞宗は、なぜ二つに分裂しなかったのか

曹洞宗というのは、おもしろい宗派です。

まず、大本山が二つあって、その下に本山がありません。もっとも「みなし本山」はあるのですが、表向きはフラットな組織です。宗派のトップである管長は、両大本山の貫主《かんしゅ》が二年ごとに交互になります。宗議会の出身派閥も、半数ずつ。予定調和的といわれてしまえば、それまでですが、他宗派にくらべると、やはり穏健です。

つぎに、曹洞宗はひとつであり、分派がありません。これが臨済宗ですと、建仁寺《けんにんじ》派、南禅寺派……と、一五に分かれています。ですから曹洞宗が、永平寺派と總持寺派とに分かれていて不思議はありませんでした。宗派内の派閥はありますが、分裂にはいたっていません。真言宗、天台宗、浄土宗、浄土真宗、日蓮宗……と、ほかの宗派はいずれも分派や分裂がありましたし、それはいまも続いています。

真言宗東寺派《とうじは》という宗派があります。東寺（教王護国寺《きょうおうごこくじ》）をご存じの方は多いでしょう。空海《くうかい》ゆかりの京都にあるお寺ですが、じつは、東寺は真言宗東寺派に属していません。戦後になって分裂し、東寺は東寺真言宗という新しい宗派の総本山になっているのです。不勉強ながら、私は最近このことを知って、たいへん驚いたのでした。

では、奈良の法隆寺、京都の清水寺《きよみずでら》、大阪の四天王寺《してんのうじ》、東京の浅草寺《せんそうじ》が所属する宗派をご存じですか。いずれも、その名が全国に通り、たいへん潤《うるお》っているお寺ばかりです。では、答えを申しあげましょう。聖徳宗《しょうとく》、北法相宗《きたほっそう》、和宗《わ》、聖観音宗《しょうかんのん》です。知っている宗派はありましたか。戦後に独立した宗派ばかりです。

仏教という世界では、このようなことが当然のように起こっているのです。ですから、曹洞宗の異例は際《きわ》だっています。

永平寺系と總持寺系が均衡《きんこう》を保って、日本仏教最大の宗派が分裂せずにきたという事実は、特筆すべきでしょう。明らかに、「分裂はやめよう」とする意図が働いてきたのにちがいありません。その謎を解いたとき、信仰や宗教組織というものに対する、何らかの答えが出てくるのではないかと、私なりに考えています。それを追究していき、真実にせまることも、私の人生の目標です。

曹洞宗には、両大本山のほかにも、歴史上重要なお寺があります。金沢市の大乗寺《だいじょうじ》ですが、その開山は、永平寺三世でもある徹通義介《てつつうぎかい》で、この方は、内輪もめに巻きこまれて、永平寺から大乗寺に移ります。その一番弟子が、瑩山紹瑾《けいざんじょうきん》という方で、徹通義介の跡を継いで、大乗寺二世となります。

總持寺は、この瑩山紹瑾の開山です。ということもあって、曹洞宗は、道元禅師を高祖《こうそ》、瑩山紹瑾を太祖《たいそ》とし、とくに大切な存在とみなしてきました。總持寺は、もとは石川県輪島《わじま》市にありましたが、明治になって全山焼失し、現在の横浜市鶴見《つるみ》に再建されました。

ここで問題になるのが、總持寺開山である瑩山紹瑾が、師匠である徹通義介や永平寺二世の孤雲懐奘《こうんえじょう》をさしおいて、なぜ宗派の祖となったのかということです。孤雲懐奘と徹通義介は、道元禅師の直弟子でもありますから、いっそう謎が残ります。このあたりに、曹洞宗が二頭体制を維持してきた謎の源流がありそうです。

それから、曹洞宗が教団としての体裁をととのえるようになったのは、いつごろかという問題があります。学校の日本史では、「曹洞宗を開いた道元」として暗記させられますが、道元禅師が開宗を宣言したという事実はありません。禅師ご自身は、おそらく生涯をひとりの修行者として、まっとうしたのであって、「宗派教団を開いた」、「宗派の礎《いしずえ》を築いた」などという意識はなかったでしょう。

宗派というものは、すぐれた僧侶の弟子、そのまた弟子といった後世の人たちが、受けついだ教えの流れを顕彰《けんしょう》するなかで徐々に生まれていくものです。それが曹洞宗のなかで、どのようにして形成されたのかが、いまの曹洞宗のありようにも影響しているように思われてなりません。

私は博士課程時代の論文で、いろいろな曹洞禅の教団ができて、そのひとつであった永平寺教団がどういう形で継承され、そこに總持寺が加わることで、永平寺がどのように変化していったかなどをまとめたことがありました。

このとき、道元禅師が、「一箇半箇《いっこはんこ》」といって、少数精鋭でやろうとしていたものが、どういった過程で巨大化していくのか、そこで起こったであろう人間関係に興味を持ちました。

注目しているのは、『正法眼蔵随聞記《しょうぼうげんぞうずいもんき》』です。これは、道元禅師の弟子の誰かがまとめたものですが、永平寺二世孤雲懐奘の編集によるものというのが通説です。ただ、これには多くの異説があります。

私は、孤雲懐奘のあとに永平寺五世となった、義雲《ぎうん》がその編者なのではないかと考えています。義雲の師匠は、寂円《じゃくえん》という、道元禅師が中国から帰国したあとを追って来日した方でした。つまり、中国人僧です。寂円は、中国修行時代の後輩です。その弟子である義雲は、寂円が建立した宝慶寺《ほうきょうじ》というお寺に住持していましたが、永平寺に呼び寄せられたのでした。

曹洞宗が教団としての体裁をととのえるようになったのも、ちょうどそのころではないかと考えています。ですから、永平寺中興の義雲は、總持寺開山の瑩山紹瑾と並ぶ教団成立の貢献者ではないかというのが、私の結論です。

ところが、こういった歴史は、一般の知るところではありません。一般どころか、曹洞宗もちゃんと教えていないでしょう。「道元禅師と瑩山紹瑾禅師が祖です。心から、お慕《した》い申しあげましょう、以上」——そんな感じです。道元禅師以降も、こういう歴史が続いていたのだと伝えていかなくてはなりません。すばらしい話も、いいにくいことも全部ふくめてです。根源を求めることは、とても大切なことです。

さて、道元禅師が生きた時代の仏教は、比叡山に支配されていました。比叡山に属して生きるか、それとも背を向けて生きるか——その対立が、大きなダイナミズムを生みだします。法然《ほうねん》、親鸞《しんらん》、栄西《えいさい》、道元、日蓮、一遍《いっぺん》といった、その後の「新宗教」

の開祖とされる僧侶たちはみな、比叡山出身であり、それと袂《たもと》を分かって、新しい信仰に身をささげたのです。

禅に傾倒した十七歳の道元禅師が門を叩《たた》いたのは、京都の建仁寺でした。当時の建仁寺は、いまのような臨済宗の本山ではなく、禅・天台・真言の兼学《けんがく》道場でした。ところが、師事を願った栄西はすでに亡くなっており、その弟子のもとで禅を学びます。

その後、比叡山の圧力で京都を出ますが、晩年はまた京都に戻って亡くなっています。永平寺に居住したのは、ほんの数年でした。親鸞は、一生涯にわたって、法然の弟子であると自認していたといわれています。これと同じように、道元禅師もまた、栄西の法統《ほうとう》を継いだ修行者を自認し、そのことを誇りとしておられたのではないかと思います。

すると、宗派なんてものは何物かということなのです。個々の僧侶が、敬愛する師を持ち、仏教、あるいは禅に対するアプローチをそれぞれ持つということと、どこかの宗派に属するということとは、やはり別物です。

第四章　自由な信仰をとりもどす

収入を何に使うか

宗教法人は、学校法人や医療法人などのように、公益性のある存在とみなされています。ですから、宗教関係者は、お布施や墓地の使用料が非課税でも、それが当然のことと考えているようです。

では、宗教の公益性とは何かといえば、それは、宗教行為で得られるお金は「たんなる収入」であって、「利益」としては認められないというところに、あらわされているのではないかと思います。

あらためて説明いたしますと、利益と収入は、同じものではありません。

収入は、入るお金が、出るお金よりも、ただ数字上で多いという意味です。これに対し、利益は「利」のつく収益です。利益はそもそも営利企業が追求するものであって、基本的にどう使おうと自由です。しかし、営利目的ではない宗教法人が得るのは、利益ではありません。自由に使うことはできず、使う先も制限されます。

では、宗教法人は、得た収入を何に使えばよいのでしょうか。

ひとつは、困っている人や世のためへの使いみちがあります。これが最上の方法です。お寺が基点となって、富の再分配をすることができます。

それには、ほかの公益性の高い事業への転用が考えられます。お寺が、教育や保育の施設を兼営する例が多いのは、そのためです。宗教法人は、他事業への収入の移転が、ほかの法人よりもたやすくできます。高齢者や要介護者、障碍者《しょうがい》のケアをおこなう施設は増えていくでしょう。また、地域文化の涵養《かんよう》に向けられた事業への投資も考えられます。

こういった社会奉仕は、かつての仏教がおこなってきたものでもありました。身近なところでは、寺子屋の機能があります。古くは、忍性《にんしょう》のような僧侶が、一般からお金を集めて、貧しい人や病人たちの救済にあてました。空海は、溜池《ためいけ》を築造して、農民たちの利便にこたえました。

もうひとつは、宗教の教義を広め、寺門の発展に用いる方向です。わかりやすい例として、お寺の伽藍をととのえ、寺域を広げることがあります。もっとも、このようなお金の使い方が、いまの時代に適当であるのかは判断の難しいところでしょう。住職の自己満足に終わってしまい、誰も望んでいないかもしれないからです。

これが、檀信徒が用いる施設をつくるための出費、お寺や宗派に属する僧侶たちの教育機関や修行道場を維持するための出費であれば、万人の理解を得られやすいでしょう。信徒や一般の方に向けられた参禅道場の設営もそうです。

広い意味では、次期住職をつとめることになる人材に教育的投資をすることが、これにふくまれるかもしれません。ただし、その多くの場合、対象となるのは、住職の子供です。親の見栄のために、有名学校に入学させるのであれば、教育的投資とはいえません。

また、「葬式仏教」の担い手であるお寺の環境づくりの用途もあります。葬祭施設や墓地の整備がこれにあたります。

いずれにせよ、宗教法人のお金の使いみちは、限られているのです。お布施を遊戯施設や居酒屋の経営などに転用することはできませんし、住職家専用の贅沢に用いることも、とうてい認められません。住職とその家族が、移動手段のために高級車を買い求めることは、彼らが信じて疑わない宗教の公益性に、唾《つば》を吐きかけるような行為の典型といえるものです。

課税は、「宗教弾圧」か

宗教行為で得た収益が非課税である根拠は、いろいろ議論されてきましたが、よくわかっていません。根拠をあげているのは、おもに宗教関係者だということを念頭において、いっしょに考えてみましょう。彼らの主張する根拠をまとめると、およそつぎの四つになります。

第一の根拠が、さきほどの「宗教の公益性」です。宗教法人は、学校法人や医療法人のようなものだという理屈ですが、おおかたの日本人は、「学校や病院がなくなったら困るけど、宗教がなくなっても、とくに支障《ししょう》はない」と考えているのではないでしょうか。学校や病院の存在意義は前の時代から変わっていませんが、宗教の価値は大きく減退しました。

それに、宗教法人は利益を上げてはいけないはずなのに、その運営者に「非営利」の自覚は希薄だということです。こんないいかげんな非営利法人は、宗教法人だけです。その公益性を語る立場にないことは明らかです。

第二の根拠が、「宗教の独立性」です。宗教行為は、「そもそも課税対象にならない」というものです。宗教は、政治的権力から超然とした存在だからということですが、そう主張している人が、毎年、行政の監督機関に対して収支や財産の報告をしています。

超然とした存在であるのならば、いくら法律にあるからといって、政治的権力からの介入を断固拒否すべきでしょう。黙って提出している以上は、独立などしていないわけです。しかも、表面では従うように見せておいて、裏ではこそこそ不正をたくらんでいる宗派やお寺もあるわけですから、悪徳企業と何ら変わりません。結局は、手もとにより多くのお金や財産を残したいだけなのです。

第三の根拠に、「信託説《しんたく》」があります。お布施は、信徒から宗教行為にあててくれという目的で、お寺が「信託」を受けたものであるから、そもそも経済的行為ではないという考え方です。たとえば、町内会があずかった町内会費のようなものだとも説明されることがあります。そうすれば、住職は町内会長だということでしょうか。

これは、とんだ珍説であって、いまの仏教界にとって、たいへん危険な説です。多くの町内会長は、無報酬のボランティアです。もちろん世襲でもありません。それに、もし町内会長が、集めた会費で専用の高級車を買ったり、幹部だけで豪勢な旅行に行ったりしたら、大問題になるはずです。会員たちから、たちどころに私的流用として糾弾《きゅうだん》、告訴されるでしょう。

住職たちは、これと似たようなことを日常的にやっているわけですから、信託説が採用されたら、全員失職です。もう二度と、この説を論じてはいけません。自分たちの首をしめるようなものです。

第四の根拠が、「信教の自由の保障」です。これが憲法でも認められた、国民の基本的な権利であることは、小学校でも習います。

純粋な信仰が政治的権力によって否定されることは、あってはならないことだと思います。戦前の日本は、宗教弾圧が何度もありました。軍国政府は、これに対立する宗教を目の敵《かたき》にしていたわけです。しかし、いまはもう、そんな話は聞きません。

現代の日本では、信教の自由は保障されているのです。過去の戒《いまし》めとして憲法の条文には明記されていますが、これを拡大解釈するのは、いかがなものでしょうか。

それから、信仰する自由と、宗教本体が課税の義務から自由になることとは、まったく別問題です。

宗教やその幹部の多くは、「信教の自由」を都合よく解釈しています。自由とは、宗教が好き勝手に活動しても、国家や行政から何の制約も受けないことだと考えているのです。これは、本末転倒でしょう。信教の自由を保障される対象は、一般の信徒なのであって、組織やその指導者、一部の特権者たちではありません。

ある新興宗教の関連企業が、墓石販売にかかわる法人事業税をおさめず、国税庁から指摘を受けました。この宗教法人は、国内最大ですから、その販売収入といえば莫《ばく》大《だい》なものです。国税庁も見過ごすことができなかったのでしょう。もちろん、この「脱税」は確信犯です。宗教法人の関係者は、指摘されて、「なぜ、墓地が非課税で、墓石が課税対象なのか」と、疑義を投げかけます。

いったん特権を与えられた者というのは、その特権の意味を客観的に見ようとしません。そして、いつしか特権の範囲を拡大し、その意味を自分たちにとって都合のよいように解釈するのです。

「宗教を信じる」という自由が認められるのであれば、その一方で、「宗教を信じるのをやめる」という自由も認められなくてはならないはずです。ところが宗教は、入信の自由ばかりを論じて、脱会や改宗《かいしゅう》の自由を考えようとしません。これでは、信教の自由を阻害《そがい》しているのは、宗教そのものだということにならないでしょうか。

というわけで、宗教法人が非課税である確実な根拠は見当たらないのです。いまの日本の制度で、そうなっているにすぎません。ですから、社会が求めれば、納税にも応じなくてはなりません。

世の宗教指導者たちは、純然たる経済行為が非課税であることの意味をかみしめて、その感謝を信徒や社会の幸福のために向けて、奉仕すべきではないでしょうか。ところが、宗教法人への課税の話題がのぼるだけで、「宗教弾圧だ」と過剰に反応してしまいます。こういったものは、真っ当な主張ではなく、ただの強欲な心のあらわれであるということを自覚しましょう。

日本人の信仰は、もっと自由

私がめざしているのは、誰にも自由な信仰が認められる仏教です。自由な宗教とは、自分の意志によって信仰を選択できるということ、そして、脱会や改宗の自由を認めているということです。「生まれてから亡くなるときまで、宗教が決められてしまっている」、「やめたいときに、やめられない」というのは、自由ではありません。

この悪習がいまもって残っているのが、寺檀制度です。檀家という不自由な身分があるかぎり、その枠にむりやり押しこめられてきた人たちは、自由な時代のなかで、風船の空気が抜けていくように離れていきます。私たちは、もはや近世や近代の住人ではありません。寺檀制度の自然な終焉《しゅうえん》とともに、仏教も衰退していくでしょう。これをただ眺めているだけでは、日本の仏教の未来のためになりません。

アメリカに留学していたときのことです。ロサンゼルスに住む日系人の話を聞いて、驚きました。その方が経営している居酒屋には、以前は曹洞宗のお寺の役僧がよく来てくれていたので、おじいちゃんの葬式をそこに頼んだそうです。ところが、その人はもう来なくなって、いまは高野山真言宗別院の役僧が来てくれるようになったから、今度おばあちゃんが亡くなったら、そこに葬式を出すだろうというのです。

ひとことでいって「節操《せっそう》がない」といえば、そのとおりです。その一方で、まったく「自由」であるともいえます。

日本でも、生まれたときは神道、結婚はキリスト教、葬祭は仏教というのが、一般的ではないでしょうか。曹洞宗の葬儀に、そのほかの仏教各宗派の信徒だけでなく、各宗教の信徒や無宗派の方たちが多く参列されます。これが普通の姿です。よくいえば、排他性がありません。すべての宗教や宗派に共通したフォーマルな礼服や喪服を決めてしまった点は、日本人のすごい創造性だと思います。自由といえば、自由、いいかげんといえば、いいかげんです。

ただし、この状況について、「無節操」との批判を仏教関係者がするのであれば、屁理屈《へりくつ》というものでしょう。仏教の信徒が、それ以外の宗教に改宗するのは比較的寛容であるのに、こと同じ仏教のなかの宗派の行き来は認めてこなかったわけですから……。菩提寺すら、簡単に変えられなかったわけです。

「節操がある」ことで、ともすれば不自由になりかねません。信仰にとって、もっとも大切なのは、自分の意志で選択できる自由です。

この不自由さがつくられたのは、何度もいいますように、江戸時代になってからです。もともとは、それ以前の一般の民衆に、定まった信仰などというものはなかったのです。明日死ぬかもわからないというような武家の人たちは、強い信仰を持っていましたが、庶民はそうではありませんでした。

近くに、鎮守《ちんじゅ》さんがあれば、通りすがりに手を合わせますし、遠くに、乳がよく出るようになる観音さんがおられると聞けば、わざわざ出向いて参詣《さんけい》していました。この観音さんが、天台宗なのか、真言宗なのかなんてことは、むしろ知るよしもなかったでしょう。知る必要もありませんでした。

そして、とつぜんの寺檀制度です。「今日から、あなたの家は曹洞宗で、菩提寺は○○寺です」と決められてしまいます。ところが、いまおこなっている信仰を純粋化するなんてことが、おおかたの日本人の頭のなかにはありませんから、排他性も生まれないわけです。新しい信仰をすんなり受けいれます。

いまおこなっている信仰を純粋化するために、「旧態の悪弊《あくへい》をどんどん変えていかなくては」というエネルギーも起こってきません。こうして四○○年以上も昔につくられたシステムが温存されつづけています。

日本人は、強いコミュニティ、地縁や血縁といったものを長く守ってきましたので、そこに寺檀制度がすっぽりハマったのでしょう。その瞬間に、「葬式仏教」のもとができあがったのですが、表現を変えれば、「葬式仏教」になるしか、ほとんどのお寺には生きる道がなかったのです。これがなければ、日本の大多数の仏教寺院は、廃絶していたにちがいありません。

よく、「日本人はいつ信仰心や、宗教に対する忠誠心を失ったのか」と大上段から論じる人がいますが、「そんなものは、はじめからなかった」と考えるべきでしょう。ですから、いますぐ自由になって、どういった信仰をするか（あるいは信仰をしないか）を自分の意志で決めなくてはならないということなのです。

墓質《はかじち》と離檀《りだん》料《りょう》

檀家が離れるときに、いちばんの問題となっているのが、「墓質《はかじち》」です。

いまのように檀家の実体が薄らいできますと、唯一の結びつきがお寺にある墓地になります。すると、檀家をやめるときに、どういった問題が生じるかといいますと、墓地からご遺骨を抜くケースが出てきます。

現代は、かつてのように一族が同じ宗派ということはありません。さまざまな仏教宗派、ほかの宗教、無宗教の人たちが家族を構成するようになります。そこで、無宗教の公営墓地を求めて、そこにいっしょに入るという選択をしますと、菩提寺の墓地にあるお父さん、あるいは祖先代々のご遺骨を改葬しなくてはなりません。

このとき、お寺の住職が難癖《なんくせ》をつけてくるわけです。まるでお墓が人質にとられているようだということで、「墓質」といわれるようになりました。私の若いころにはなかった言葉ですから、新しくそういった問題が増えてきているのでしょう。

そして、たちの悪いお寺は、「墓を抜くのなら、その補償をしろ」といってくるようになりました。とり損《そこ》ねた法事のお布施や護持会費を何年分か寄こせというのです。ひどい場合は、一〇〇万円も支払わされることがあるそうです。

墓を抜いて、檀家を離れるということで、「離檀《りだん》料」ともいいます。まったく奇妙な専門用語ばかりが増えて、ウンザリしてきます。離檀という言葉は前からありますが、「離檀料」などは、正しい仏教用語ではありませんから、ぜひ誤解のないようにお願いします。その請求は不正なものですので、支払う必要はありません。

もっとも住職たちが、ストレートに「離檀料として〇万円いただきます」と要求することはないでしょう。「そりゃ、いくらかおさめていただかないと困りますね。私どもも、たいへんなんです。この先、何十年もいただくはずのものが、いただけないわけですから。本堂もボロボロですし」などと、あくまで被害をこうむった立場をよそおいます。そのうえで、いかにも善意の喜捨《きしゃ》をすすめる形で求めてくるでしょう。

もし、「離檀料」を求められたら、「そんなもの、なんで払わなきゃいけないんだ、強欲坊主」と返してください。

それにしても、善意のお布施の意味をどのように考えているのでしょうか。檀家をやめるときのお布施などは前代未聞《ぜんだいみもん》ですし、これを求める時点で、寺檀制度の隷属性をみずから証明しているようなものです。自発的に支払う方がおられるから、こんなことになるのかもしれませんが……。

これとは別に、ご遺骨を抜くときにお経を上げることで、お布施を受けることがあります。「閉眼供養《へいがん》」というものですが、必要なければ、断ってよいのです。これを住職が強要すると、「離檀料」と同じことになってしまいます。

お寺が稼《かせ》ぐのは、悪いことか

そもそも僧侶がお金の話をすると、「このナマグサ坊主が！」と不愉快に思われる方は多いと思います。「一〇〇万円」と口にするのは生々しいことだと考えて、「一本」と表現する人がいますが、お金を受けとることは、けっして汚い行為ではありません。また、いつもニコニコとお金とは無縁なように見える人も、経済的な裏づけがあるからこそ笑っていられます。

私は、お寺で墓石や仏壇を売ったり、自前で葬儀をして、花屋さんや料理屋さんと直接交渉もしたりしています。いってしまえば、「事業」をしているのですが、すると、現金収入に執着した「強欲坊主」だと、陰口を叩かれるわけです。

ただ、こういった事業で得た収入は、純粋なお布施とは分別して、納税もしています。それに、僧侶が事業をして、現金収入を得ることじたい、悪いことだとは思っていません。少なくとも、石材業者や仏壇業者の仲介をして受けとったマージンをお布施とみなし、納税もしていない人よりかは、ずっとマシだと確信しています。

この世のなか、何をするにしても当座のお金が必要です。人助けをするにしても、お金がいるのです。被災地に身体ひとつで駆けつけて、お助けしたいと思っても、そこに行く交通費がいります。

お金をあつかうときに、何ごとにおいても大切なのは、限度と節度です。私は、限度と節度を守っていれば、お寺を任された住職たるもの、むしろお金のことをしっかりと考え、お金のことを積極的に話していくべきだと思います。住職にこそ、経済的な観念、経営者の理想と力量が備わるべきなのです。

ですから、苦労や努力をしなくても、お布施は向こうからやって来るものだと考えている住職のほうが、よほど欲深いものです。

お布施というのは、喜捨です。手に余る財産を捨てることで、みずから執着する心から解放される行為をいいます。いま、精神をととのえるために、身辺の物品を整理することが流行しているようです。ここでもう一歩踏《ふ》みこんで、「執着心の根源となっているお金を捨てましょう」というのが、お布施の原理です。

喜捨ですから、財産ゼロという人は、捨てられません。彼は、逆に施《ほどこ》しを受けるべきでしょう。一方で、財産のある人は、その規模に応じて捨てることになります。二〇万円が手もとにある人は一万円を捨て、二〇〇〇万円ある人は一〇〇万円捨てて、そのぶん軽くなりませんか……簡単にいえば、そういうことです。

僧侶はそれをあずかっている身であり、個人のお金ではありません。自分の生活費用をそこからいただいたら、残りのすべては公益性のある使いみちに向けられなくてはなりません。ところが、人には喜捨を求めておきながら、自分は喜捨できないのが、人間というものかもしれません。

お金に貴賤《きせん》はありませんが、使い方に貴賤はあります。正しい動機で差しだされたお金を、正しい目的に用いる――これが「浄財《じょうざい》」の意味するところ、宗教的な経済行為です。

浄財が、社会のために用いられるのか、お寺や宗派の教化のために用いられるのかは、人によって考え方の分かれるところでしょう。あずかったお金である以上は、ムダづかいはできません。見性院でも、火災保険を見直したりして、経費の削減をしています。

いずれにしても、住職用の高級車を買ったり、豪奢《ごうしゃ》な住宅を建てたりするために、お布施があるのではないのは、明らかです。

見性院では、葬儀や墓地使用などの際のお布施を実額で提示しています。これは、近隣の相場よりもずっと抑えられたものです。住職家やお寺で働く事務の方たちが生活し、経営する以上、収入は必要ですが、利益を上げているわけではありません。

とはいっても、お布施を実額で提示することは、理想とはかけ離れたものであることは、十分に承知しています。価格がつけられたものは、もはや商品ですから、その売買は宗教的な経済行為ではありません。それでも、実額を提示しなくてはならないのは、苦肉の策です。方便《ほうべん》といっても、いいでしょう。

お布施は、その人の身の丈《たけ》にあった額が自発的に設定されるものです。しかし、檀信徒の側が、自発的に、その人にかなった額を差しだすことに慣れていません。お寺の側が長らくお布施を強要してきたために、喜捨の自発性が失われているのです。これも、いまの仏教が自由でないことのあらわれです。

ですから、「いくらおさめればよいのか」、「志納《しのう》というが、どれほどが適当か」といった声は、たいへん多く聞かれます。

お寺は「志納」という建前をつらぬいていますが、実際には「相場」があります。出されたお布施が、あまりにも「相場」を大きく下回るとき、「世のなかというものを知らないのか」と、説教を始める「トンデモ坊主」が出てきます。これでは、どうしようもありません。志納である以上、数千円でも受けとるのが、お布施です。「いえ、一〇〇万円が決まりごとですから」と、口に出した時点で、もうお布施ではありません。これは、純粋な営利行為です。

ところが現実は、「志納という名の相場」が存在していて、さらにそれは、あるべき額より高く設定されています。ここで、いったん実額の提示をして、「相場を下げる」ところから始めなくてはなりません。

そして、場合によっては、分割のご相談もお受けします。お布施を出す額や方法は、出す人が決めることです。もっとも、財産のある方には、その身の丈に合ったお布施を出していただきたいものです。「多くを持たない方からは少なく、多くを持てる方からは多く」というのが、お布施の原則です。

一部のお寺や住職家、宗教指導者たちが贅沢な暮らしをしているために、元来の仏教というものが、いかにもお金もうけのためにお布施をかき集めているように思われているのが現状です。そのことが、残念でなりません。そのため、お布施の原則が守られていないのだと思います。

住職家のガレージに高級車が止まっているようなお寺の檀家は、いますぐお布施をやめてください。「何度も同じ話はいいよ」といわれそうですが、これほど的確に「悪徳僧侶」を見分ける方法はありません。

何のために収入を得るのか

私には、目標があります。それは、見性院に社会事業の機能を大きくとりいれることです。行基や忍性のようなスケールの大きな社会事業家をめざしたいところですが、それにはまだ徳が足りません。もうすこし、小さな目標からやりとげていきたいと思います。

いまのところ、実現に向かっている具体的な事業は、道場や飲食所などの設立です。

道場は、信徒だけでなく、一般の方も集い、生活する場、そして生涯学習や奉仕の日々を提供するものです。いわば、寺子屋兼研修道場です。ここで、『正法眼蔵』を読み、また、前の章でお話しした曹洞宗教団成立の歴史を研究できたらと考えています。仏教のこと、曹洞宗のことを広く知っていただきたいためです。

それから、世襲で仕方なく住職家を継ぐというのではなくて、これが天職だと思ってつとめられるような仏教の弟子を育てたいのです。私がしていた研究のあとを継いでくれるような人も育てたいと思います。

飲食所では、近隣の農家から提供していただいた野菜などをボランティアの市民が調理し、できた料理はお布施で召しあがっていただきます。一食いくらで提供しているようなお寺はたくさんあります。しかし、それでは、お寺の雰囲気を味わえる以外は、一般の飲食店と変わりありません。そういった俗気を払って、宗教にしかできないことをしたいわけです。そして、このスタイルを全国に広めていきます。

いまの仏教が、漫然《まんぜん》とお布施を求めたところで、一般の方がイメージするような喜捨の姿にはなりません。使いみちが不明瞭《ふめいりよう》すぎました。それなら、お寺なんかではなく、被災者救護や貧しい子供たちの学資支援など、目的がはっきりと示されたところに出したいと思うことでしょう。まず、お金の使いみちがわかるようにしなくてはなりません。

こうして、社会の中心にあるお寺を復興したいと考えています。お布施によって、新しい仏教寺院のモデルを構築します。そのための資金集めです。そのためのお寺の経営です。お寺の維持じたいがたいへんな時代になりますから、そのうえプラスアルファの目標を達成するには、相当の努力と工夫が必要でしょう。それを前に、身が引きしまる思いです。

上求菩提《じようぐぼだい》と下化衆生《げけしゆじよう》

仏教僧侶の役割には、大きく二つあります。

ひとつは、修行の生涯をつらぬくこと。修行道場などで、生涯をかけて、坐禅に打ちこみ、清掃や学問などに励む日々を送ることです。

もうひとつは、市中に身をおいて、他者への奉仕をすること。宗教の公益性を追求することですね。いいかえれば、自分の修行をさしおいても、他者のために時間を使わなくてはならないという考え方です。そして、それじたいが修行です。

両方が大切なわけです。専門用語で、前者を「上求菩提《じょうぐぼだい》」、後者を「下化衆生《げけしゅじょう》」といっています。理想をいえば、ひとりの僧侶が両方を実践できればよいのですが、ひとりの人間が持てる時間や身体は限られています。残念ですが、どちらにより重きをおくかを決めなくてはなりません。

現実を見聞きし、つねに経営を考え、社会奉仕の方法を模索している、ある意味で「社会事業家」のような僧侶がいて、その一方で「修行の鬼」のような「禅定家」がいます。宗派には、このどちらもが必要です。

私などは、本音をいえば、学生時代にやっていた『正法眼蔵』などの研究に没頭したいのですが、田舎寺の住職を任されているという立場が、それを許してくれません。それから、何か現実的な目的のために、あくせくと身体を動かすことが、性《しょう》に合っているというのもあります。人それぞれ、性分によるところが大きいでしょう。ですから、いまは社会事業家の道を選んでおりますが、禅定家へのあこがれもあります。「独坐大雄峰《どくざだいゆうほう》」という表現があります。「たったひとりで坐って、大きな山のような存在を示す人」です。究極の悟りをめざす崇高《すうこう》な仙人のような存在です。ぜひとも大本山の貫主や管長には、こういった方についていただきたいものです。

いまの貫主は、七十五歳以上の高齢です。公務員のように、年長者の上がりの職になってしまっていますから、およそ信仰の象徴というには、もの足りません。ただのおじいさんです。宗派全体に発信していくエネルギーもありません。「貫主になって死んでいく」ということでは、無責任だと思います。生き仏ではないのですから。これでしたら、「いままさに修行中」という若い人をおいたほうが、よいのではないでしょうか。

福井県越前《えちぜん》市の御誕生寺《ごたんじょうじ》に、板橋興宗《いたばしこうしゅう》さんという方がおられます。この方は、總持寺の貫主や管長をつとめられたあと、いまのお寺に入られました。彼のもとには、三〇人もの修行僧が集まっています。大本山をのぞけば、ここがいちばん大所帯だそうです。

すぐれた僧侶は、「法力」というものをお持ちです。弟子を育てるのもそうですし、布教もそうですが、本当にこの法力で感化されるということが起こるから、宗教はすごいわけです。

宗派のトップになる方には、すくなくとも五十、六十のうちにつとめていただき、七十、八十では、権力から離れて、後進の指導にあたるほうがよいのではないかと思います。最後はふたたび純粋な修行者に戻って、その生きた手本を若い僧侶たちに見せていただきたいのです。

板橋興宗さんのような方がもっといれば、仏教はよくなっていきます。それでご本人は、あんがい最後の一〇年間が、全生涯でもっとも充実していたと悟られるのではないでしょうか。板橋興宗さんもおそらくそうだと思います。

多くの住職たちは、社会事業家でも、禅定家でもありませんが、どちらにも興味がないし、努力もしないというような人は、必要ないわけです。学生なのに、遊びほうけて、まったく勉強しなかったような人は、だいたいこうなります。一般の学生は、学問に専念するために、労働を免除されている身分ですから、その本分をわきまえなくてはなりません。出家した僧侶もいっしょです。

私たちは、信仰する人たちの「見本」です。よき見本という、大それた意味ではなくて、「典型的な信仰者」でなければなりません。一般の檀信徒のかわりに、修行や奉仕をさせていただいている身分です。見本になれない人は、どうぞ在家で信仰してくださいということでしょう。

また、檀信徒にとっての僧侶は、自分たちが食わせる対象でもあるわけですから、ヤル気のない坊主がおおぜいいたら、たまったものではありません。いますぐ寄生するのをやめて、世俗に還《かえ》るべきだと思います。住職たちは、現世の特権者ではなく、彼らもまた、一個の修行者なのです。その身分を忘れてはいけないと思います。

新しい仏教の制度——随縁会《ずいえんかい》と善友会《ぜんゆうかい》

寺檀制度を廃止したことで、見性院は新しい信仰のモデルを提示することになりました。それが、「随縁会《ずいえんかい》」という信徒会制度です。

お寺が管理する墓地を使用している方。いまある制度のもとでは、この方も檀家のひとりにされてしまっているわけですが、これをやめます。ただ墓地を使用しているだけの方は、自由会員です。曹洞宗とも見性院とも宗教的なつながりや、これ以上のお金のつながりもありません。檀家ではありませんし、信徒でもありません。ですから、ほかの宗教や宗派の信徒もお受けしています。

つぎが、法事などの宗教儀礼が必要なときだけ、そのレベルのおつきあいを求められる方です。法事の際に、そのたびのお布施を出していただきます。この方を賛助会員とし、準信徒の待遇といたします。

最後が、正式な意味での信徒です。準信徒の方と区別するために、正信徒、正会員として待遇させていただきます。曹洞宗の信徒を望まれる方であり、見性院の方針に賛同していただける方です。宗派やお寺の案内や報告を送付させていただきます。

このように、信仰のレベルによって三段階に分けて、その方に合ったおつきあいをさせていただきますが、こちらから寄付などのお布施を案内することはありません。もちろん、自発的なお布施は喜んでお受けします。

これまで、なりゆきでお寺の墓地に入られて、寄進や法事などの案内が自動的に寄せられてくることに不満を持たれる方が多かったようです。不要といっている方を勧誘しつづけるのは、強要になってしまいますから、望まない方に対しては中止しようというのが、この制度の主旨です。

これまで住職のなかには、いかに悪徳な人がいるかという話をしてきましたが、じつは檀家も悪いのです。不満を述べながら、結局のところ、いままで袂を分かつことができなかったわけですから……。自由は、自分の力で手に入れるものです。

見性院には、ほかのお寺を離れて、そちらの信徒になりたいといってこられた方を、すでに何十人もお受けしております。このような風穴を開けて、その穴を広げていくことが、改革——淘汰の促進と全体の質の向上に結びつくのです。ですから、「まず離檀する」——、これ以上の方法はありません。

もうひとつは、現場の僧侶の体制づくりです。タテ切りの社会である仏教界に、ヨコのつながりを加えていくための活動の場が、「善友会《ぜんゆうかい》」です。

善友会は、僧侶や神道関係者などが集まる任意の組織です。主だった仏教宗派のほとんどから参加者があります。将来はさまざまな領域に手を広げていきますが、まず最初に確立したいのが、僧侶の紹介サービスです。これまであった派遣業は営利行為ですので、中間搾取《さくしゅ》が発生していましたし、また「お布施は一律○万円」というように、その企業の枠組みに個々の僧侶の活動を押しこめようとしていました。

善友会では、参加する僧侶たちの自由を認めています。会が受けとる仲介料はありません。ただし、葬祭業者からの依頼をお受けした場合には、そちらが求めてくるマージンを拒むことはできません。それでも、会の趣意に賛同されて、そういったものはとらないといってくださる業者の方もいらっしゃいました。

すべてが一度に変革するわけではありませんが、少しずつ風穴が開きつつあります。それでも、世のなかの急激な変化には追いつかないかもしれません。そういう危機感を持って、日々精進、工夫をしていきたいと思います。

財産目録

平成26年3月31日現在　　　　　宗教法人　見性院

区　分	NO	日付	内　　容	数　量	金　額
資産の部 特別財産 （宝物什物）					
	1		本尊像		10,000
	2		両祖像	1対	10,000
	3		御開山像		10,000
	4	昭和54年	十一面観音像		70,000
	5	昭和58年	釈迦ねはん掛図		3,000,000
	6	平成8年3月	釈迦牟尼仏、普賢菩薩		326,800
	7	平成12年、13年	十三仏		2,400,000
	8	平成13年	本尊様		1,050,000
	9	平成13年	歴代住職位牌		1,145,550
	10	平成13年	位牌		5,230,050
	11	平成13年	脇仏、エンマ王奪衣波像		2,050,000
	12	平成22年9月	動物、水子供養（工事代含）		654,810
	13	平成23年5月	六地蔵		858,700
			宝　物　什　物　計		16,815,910
特　別　財　産　合　計					16,815,910

県の学事課に提出した見性院の「財産目録」（全５ページ）

（その２）

区分	NO	日付	内容	数量	金額
普通財産 （土地）					
	1	平成11年6月	熊谷市大字万吉字上風797－3	101．20㎡	516,572
	2	平成13年	熊谷市大字万吉字上風797－3		2,654,806
	3	平成18年3月	熊谷市大字万吉字上風800－2	101．05㎡	909,450
			土地計		4,080,828
（建物）					
	1	昭和47年（平成2年）	本堂　鉄筋鉄骨平家建（付帯工事含む）	214．50㎡	24,050,600
	2	昭和21年	庫裡　木造瓦葺二階建	231．00㎡	225,000
	3	平成3年4月	客殿回廊一式　木造瓦葺平家建	342．00㎡	100,415,609
	4	平成6年3月	修養道場（修理）		1,215,000
	5	平成7年9月	本堂等　床張り替え		1,285,000
	6	平成9年10月	庫裡　雨樋取り替え		1,050,500
	7	平成13年	位牌堂　鉄骨FRP防水平家建	80．10㎡	21,699,500
	8	平成14年6月	物置		262,500
	9	平成18年1月	小庫院　木造瓦葺二階建	198．00㎡	30,315,573
	10	平成18年8月	庫裡　電気工事		1,000,000
	11	平成19年5月	庫裡　トイレ工事（改修）		2,700,000
	12	平成20年9月	通路ポート工事		633,407
	13	平成21年8月	山門諸工事		1,240,850
	14	平成21年11月	庫裡殿給水管ポンプ圧送改修工事		340,000
	15	平成22年1月	鐘楼屋根工事		1,187,750
			建物計		187,621,289
（建物付属設備）					
	1	平成6年3月	本堂ガス工事		370,000
	2	平成21年8月	テラスルーム		310,000
	3	平成22年10月	本堂・客殿・境内エアコン空調工事		882,000
	4	平成23年2月	空調工事エアコン		472,500
	5	平成23年6月	エアコン電源工事		609,000
			建物付属設備計		2,643,500
（構築物）					
	1	昭和55年	燈篭	1対	1,200,000
	2	昭和48年、55年	石	2	700,000
	3	昭和50年	真木	1対	400,000
	4	昭和50年	如意輪観音、堂	29．7㎡	12,000
	5		聖観音、堂	50．0㎡	10,000
	6	昭和50年	稲荷堂	15．0㎡	200,000
	7	昭和62年、平成2年	墓地造成		1,254,550
	8	平成1年2月	車庫		948,680
	9	平成3年6月	専念寺墓地土留、ブロック塀		880,000
	10	平成6年3月	寺族墓地		5,500,000
	11	平成19年8月	墓所基礎工事		236,250
	12	平成21年3月	第一・第二駐車場砕石工事		1,022,700
	13	平成21年5月	駐車場整備		317,100
	14	平成21年6月	カーポート工事		385,560
	15	平成21年7月	合祀墓基礎工事		720,000
	16	平成21年7月	合祀墓		2,204,415
	17	平成21年8月	石灯篭		1,155,000
	18	平成21年12月	山門諸工事（電気工事）		388,500

（その3）

区　分	NO	日付	内　容	数　量	金　額
	19	平成22年2月	石灯篭（桜御影　角太閤8尺）		216,651
	20	平成25年9月	観音堂境内整地工事		465,000
			構　築　物　計		18,216,406
（車　輌）					
	1	平成4年6月	ニッサンローレル		1,470,000
	2	平成19年7月	ホンダオデッセイ		350,000
			車　輌　計		1,820,000
（什器備品）					
	1	昭和22年	ケイス（小）		10,000
	2	昭和28年	五具足（前机含む）		250,000
	3	昭和37年	金襴九条袈裟（夏）		150,000
	4	昭和37年	金襴九条袈裟（冬）		150,000
	5	昭和39年	中央香台		50,000
	6	昭和41年	曲録		50,000
	7	昭和41年	さい銭箱		30,000
	8	昭和46年	常夜燈	1対	100,000
	9	昭和47年	宮殿		1,000,000
	10	昭和47年	須弥壇		100,000
	11	昭和47年	ケイス（大）		600,000
	12	昭和47年	木魚（大）		500,000
	13	昭和47年	太鼓		250,000
	14	昭和47年	殿鐘		150,000
	15	昭和47年	水引		400,000
	16	昭和48年	人天蓋・幢幡		1,200,000
	17	昭和48年	仏店蓋		400,000
	18	昭和50年	施餓鬼壇		400,000
	19	昭和51年	木魚（小）		300,000
	20	昭和53年	導師机		300,000
	21	昭和54年	隠元燈篭	1対	600,000
	22		塔婆立て	2対	400,000
	23	昭和57年	照明燈	1対	400,000
	24	昭和59年	七条衣		149,000
	25	昭和59年	古代紫絽刺繍袈裟		135,000
	26	昭和60年	寺標		550,000
	27	平成2年8月	エアコン		120,000
	28	平成2年12月	放送設備一式（改修平成7年）		2,585,861
	29	平成2年12月	衣　4点		1,800,000
	30	平成3年2月	正絹羽二重黒衣		154,500
	31	平成3年2月	衣		272,360
	32	平成3年5月	法衣タンス		437,132
	33	平成3年7月、8月	クーラー（書院）	3	2,602,850
	34	平成3年12月	礼盤台		320,000
	35	平成4年11月	袈裟一式		433,800
	36	平成6年1月	輪島塗漆座卓		5,000,000
	37	平成8年10月	原色日本の美術		231,000
	38	平成8年12月	本麻九条袈裟		296,640
	39	平成9年8月	飼虎投身図掛軸		1,380,000
	40	平成10年11月	袈裟		315,000

	41	平成13年	仏具		874,650

区　分	NO	日付	内　容	数　量	金　額
	42	平成13年	はしご、除湿機		403,770
	43	平成14年2月	ケイス（大）		525,000
	44	平成14年3月	木魚		260,000
	45	平成14年3月	テレビ付カラオケ一式		316,838
	46	平成15年9月	垂梅錆銀両山紋九条袈裟		435,750
	47	平成20年7月	エアコン（本堂）		2,625,000
	48	平成20年11月	馬印掲示板		336,735
	49	平成24年8月	掲示板		609,000
	50	平成25年5月	パソコン（デル）		114,059
			什器備品計		31,073,945
（現金・預金）					
			現金		13,980,161
			普通預金		
			埼玉県信用金庫　江南支店（0639745）		3,828,413
			埼玉県信用金庫　江南支店（0656399）		10,246
			埼玉県信用金庫　江南支店（0664413）		384,084
			吉岡局　郵便貯金		156,815
			定期預金		
			埼玉県信用金庫　江南支店		1,000,159
			定期積金		
			埼玉県信用金庫　江南支店		1,000,000
			現金・預金計		20,359,878
（商　品）					320,590
（短期貸付金）			短期貸付		10,000
（保険積立金）					837,660
			商品・短期貸付金　計		1,168,250
			普通財産　合計		266,984,096
			資　産　合　計		283,896,209

区　分	NO	日付	内　容	数　量	金　額
負債の部（預り金）					
			源泉所得税（1月－3月分）		59,150
			住民税　3月分		26,600
			預り金　計		85,750
（長期借入金）					
			橋本しのぶ		8,000,000
			橋本光枝		1,816,193
			橋本英樹（住職）		1,500,000
			長期借入金　計		11,316,193
			負　債　合　計		11,401,943
			正　味　財　産		272,494,266

（その5）

区　分	NO	日付	内　容	数　量	金　額
基本財産（土　地）					
	1		熊谷市大字万吉字下内風692－1（境内地）	465．85㎡	6,056
	2		熊谷市大字万吉字下内風692－2（境内地）	525．00㎡	6,825
	3		熊谷市大字万吉字下内風797（境内地）	3289．00㎡	42,757
	4		熊谷市大字万吉字倉上田（境内地）	586．34㎡	7,208
	5		熊谷市大字万吉字下内風692－7（墓地）	605．00㎡	7,260
	6		熊谷市大字万吉字上内風831－1（宅地）	26．05㎡	313
	7		熊谷市大字万吉字上内風832－1（宅地）	455．57㎡	5,467
	8		熊谷市大字万吉字下内風801－2（宅地）	155．37㎡	1,864
	9		熊谷市大字万吉字上内風832－2（山林）	2084．00㎡	18,453
			土　地　計		96,203
基　本　財　産　合　計					96,203

木魚と鏧子を叩く著者

おわりに

読後の感想はいかがでしょうか。「そんなことは前から知っていた」という方もおられるかもしれません。そういった方は、ぜひ行動に移してください。お寺の住職は檀家を解放する、一方の檀家は離檀するということが、全国規模でおこなわれていけば、かならず仏教の未来がはじまります。みなで力を合わせて、新たな共通認識をつくっていきましょう。

本書で書かれたことは、私の曹洞宗の僧侶として得た経験がもとになっています。どこの宗派も似たようなものだと思いますが、若干の違いがあるかもしれません。

また、細かな制度や用語なども、各宗派によって異なっているのが通常ですが、煩《はん》雑《ざつ》になるため、ほとんどふれておりません。その点は、ご容赦《ようしゃ》のうえ、ご自身がお調べになり補っていただければと思います。

寺檀制度（檀家の制度）の廃止によって、見性院という小さな船は、長く困難の多い海洋の旅に出ました。本書の出版は、その最初の通過点、ようやく沖合に船が出たというあたりでしょうか。日ごろ、当院の方針を支持してくださる、信徒のみなさん、協力寺院のみなさん、テレビや雑誌などメディアの担当者のみなさんには、心より感謝申しあげます。

何よりも、寺檀制度の廃止を容認してくださった旧檀家のみなさんには、感謝の言葉もございません。いつしか全仏教のモデルになるような、すばらしい制度の完成を達成し、長くのご恩に報いられるよう、一生涯、身を粉にしてやっていく覚悟でおります。本当にありがとうございました。

合掌

切りとり線

★読者のみなさまにお願い

この本をお読みになって、どんな感想をお持ちでしょうか。祥伝社のホームページから書評をお送りいただけたら、ありがたく存じます。今後の企画の参考にさせていただきます。また、次ページの原稿用紙を切り取り、左記まで郵送していただいても結構です。

お寄せいただいた書評は、ご了解のうえ新聞・雑誌などを通じて紹介させていただくこともあります。採用の場合は、特製図書カードを差しあげます。

なお、ご記入いただいたお名前、ご住所、ご連絡先等は、書評紹介の事前了解、謝礼のお届け以外の目的で利用することはありません。また、それらの情報を6カ月を越えて保管することもありません。

〒101－8701（お手紙は郵便番号だけで届きます）
祥伝社新書編集部
電話03（3265）2310

祥伝社ホームページ　http://www.shodensha.co.jp/bookreview/

★本書の購買動機（新聞名か雑誌名、あるいは○をつけてください）

＿＿＿＿新聞の広告を見て	＿＿＿＿誌の広告を見て	＿＿＿＿新聞の書評を見て	＿＿＿＿誌の書評を見て	書店で見かけて	知人のすすめで

★100字書評……お寺の収支報告書

名前

住所

年齢

職業

橋本英樹　はしもと・えいじゅ

1965年、埼玉県生まれ。曹洞宗万吉山見性院住職。駒澤大学大学院修了。永平寺にて修行。42歳より現職につくと、本堂における葬儀を始める。2012年6月には、檀家制度を廃止した。
見性院住所：埼玉県熊谷市万吉797
見性院ホームページアドレス：
http://www.kenshouin.com/

お寺《てら》の収支《しゅうし》報告書《ほうこくしよ》

橋本英樹《はしもとえいじゅ》

2014年 8 月10日　初版第 1 刷発行
2016年 3 月10日　　　　第 2 刷発行

発行者……………辻 浩明
発行所……………祥伝社しょうでんしゃ
〒101-8701　東京都千代田区神田神保町3-3
電話　03(3265)2081(販売部)
電話　03(3265)2310(編集部)
電話　03(3265)3622(業務部)
ホームページ　http://www.shodensha.co.jp/

装丁者……………盛川和洋
印刷所……………萩原印刷
製本所……………ナショナル製本

Printed in Japan　ISBN978-4-396-11376-6　C0214

〈祥伝社新書〉
話題騒然のベストセラー！

042
高校生が感動した「論語」
慶應高校の人気ナンバーワンだった教師が、名物授業を再現！
元慶應高校教諭 佐久 協《やすし》

188
歎異抄《たんにしょう》の謎《なぞ》
親鸞は本当は何を言いたかったのか？
親鸞をめぐって・「私訳 歎異抄」・原文・対談・関連書一覧
作家 五木寛之

190
発達障害に気づかない大人たち
ADHD・アスペルガー症候群・学習障害……全部まとめてこれ一冊でわかる！
福島学院大学教授 星野仁彦《よしひこ》

312
一生モノの英語勉強法
「理系的」学習システムのすすめ
京大人気教授とカリスマ予備校教師が教える、必ず英語ができるようになる方法
京都大学教授 鎌田浩毅
研伸館講師 吉田明宏

331
7カ国語をモノにした人の勉強法
言葉のしくみがわかれば、語学は上達する。語学学習のヒントが満載
慶應義塾大学講師 橋本陽介